Lauren Brooke

Une nouvelle chance ?

Traduit de l'anglais par Jackie Valabrègue

Titre original :
Breaking Free

Loi n° 49 956 du 16 juillet 1949 sur les publications destinées à la jeunesse : mai 2001.

ISBN : 2-266-09962-0

UNE NOUVELLE CHANCE ?

L'auteur

Lauren Brooke a grandi dans un ranch en Virginie et vit à présent en Angleterre, dans le Leicestershire. Elle sut monter à cheval avant même de savoir marcher. Dès l'âge de six ans, elle a régulièrement participé à des concours équestres. Elle fait tous les jours de longues balades à cheval, accompagnée par son mari, vétérinaire spécialiste des chevaux.

Seule Laura peut comprendre leur douleur,

seule Laura sait comment soigner leurs blessures,

seule Laura leur redonnera confiance en la vie...

Partagez avec elle, à

Heartland

sa passion des chevaux.

À Linda Chapman, mes sincères remerciements.

Et à Pippa Le Quesne, mes remerciements affectueux pour avoir fait de Heartland un lieu merveilleux.

1

— Pegasus, maman ne reviendra plus, chuchota Laura à l'oreille du vieil étalon gris.

Depuis le tragique accident qui avait coûté la vie à Marion Fleming, le cheval fixait la piste qui conduisait à Heartland comme s'il espérait voir surgir sa maîtresse. Pegasus hennit doucement. Laura posa un baiser sur le chanfrein du cheval. Elle aperçut alors son grand-père et Lou sortir de la maison. La jeune fille quitta le box.

— Tu t'en vas déjà ? lança-t-elle à son grand-père.

— Oui, ma chérie, répondit Jack Bartlett en s'avançant vers la voiture. Si je pars maintenant, j'arriverai avant la nuit.

— Tu embrasseras Philip et Sylvia pour moi, dit-elle en s'accrochant à son cou.

— N'oublie pas de nous appeler quand tu seras arrivé, ajouta Lou.

Il acquiesça et jeta aux deux sœurs un regard anxieux.

— J'espère que tout se passera bien pendant mon absence.

— Bien sûr ! s'exclama Laura. Allez, vas-y, Philip et Sylvia t'attendent !

Jack Bartlett hocha la tête. Au début de l'automne, il passait toujours un mois dans la ferme de son frère et de sa belle-sœur, dans le Tennessee.

— Ne t'en fais pas, grand-père, nous nous en tirerons très bien. Ted est là pour nous aider.

Le jeune homme allait travailler davantage pour Heartland. « Il faudra qu'on le paye pour ces tâches supplémentaires », songea Jack.

— Très bien. Je n'insiste pas, puisqu'on me fiche dehors ! plaisanta-t-il.

— On se débrouillera, ne t'inquiète pas, le rassura Lou.

— Et maintenant, va-t'en ! lui ordonna Laura en riant.

Jack posa sa valise dans la voiture, s'installa derrière le volant et tourna la clef de contact. Les deux sœurs regardèrent la voiture s'éloigner et disparaître dans un nuage de poussière.

— Eh bien, nous voici seules, dit Laura à son aînée.

La sonnerie du téléphone retentit à cet instant.

— J'y vais ! C'est peut-être un nouveau client ! s'écria Lou.

Laura jeta un coup d'œil vers les écuries et les six portes blanches des box dont la peinture s'écaillait. Les encadrements mâchés par les chevaux n'étaient pas en meilleur état. La cour était jonchée de paille. Et autour de la grange, ce n'était pas mieux.

De chaque côté de la piste s'étendaient les paddocks où paissaient paisiblement chevaux et poneys. Sans Heartland, bon nombre d'entre eux seraient sans foyer. À les voir si tranquilles et heureux, Laura conclut que les longues heures de travail qui les attendaient en valaient la peine.

Parmi les chevaux qui se trouvaient à Heartland, douze avaient subi des mauvais traitements. Il fallait soigner leurs traumatismes avant de leur trouver un nouveau foyer. Trois chevaux leur avaient été confiés pour des problèmes de comportement.

Il y avait aussi Pegasus, l'étalon de son père, cavalier célèbre dans les concours de sauts d'obstacles. Une chute fatale avait condamné ce dernier à vivre dans un fauteuil roulant. Incapable de supporter la vue des chevaux, il avait quitté sa femme et ses enfants. Pegasus avait alors reporté son amour sur Marion Fleming.

— C'était un client ? demanda Laura quand Lou revint.

— Non, un faux numéro. Bon, commençons par récurer les box des pensionnaires. Ils sont notre unique source de revenus.

Laura ne le savait que trop. C'étaient les revenus des pensions qui leur permettaient de soigner les autres rescapés.

Lou fronça les sourcils.

— Je ne comprends pas. Lorsque Nick Halliwell nous a fait de la publicité, on a reçu quelques appels, et maintenant plus rien.

— Je pourrais lui passer un coup de fil. Il connaît peut-être des gens susceptibles de nous confier leurs chevaux, proposa Laura.

— Oui, ça vaut la peine.

Deux mois plus tôt, Nick Halliwell, un cavalier renommé, avait confié à Laura l'un de ses étalons. Star s'affolait à la vue de n'importe quel van. Enchanté par le résultat obtenu, il avait parlé de Heartland autour de lui.

Le soir même, Laura décrocha le téléphone. Hélas, Nick Halliwell avait repris les compétitions et ne serait pas de retour avant trois semaines.

— Manque de pot ! gémit-elle en se tournant vers Lou.

— C'est quand même bizarre, nous n'avons pas eu un seul appel depuis une semaine.

Lou avait raison. C'était étrange.

— Les choses vont s'arranger, assura Laura en se forçant.

— Espérons-le. Nous courons au désastre si aucun client ne se présente.

Lou poussa un soupir et se leva.

— En attendant, je crois qu'on devrait s'occuper de la chambre de maman.

La chambre de leur mère. Personne n'y avait touché depuis sa mort. Mary Gordon, une amie de Lou, allait passer quelques semaines ici et l'occuperait. Lou avait décidé qu'il était temps de rompre le deuil.

Laura suivit sa sœur dans l'escalier.

— On n'en aura pas pour longtemps, il suffit de faire des piles. Les affaires à garder et celles à jeter, dit Lou en entrant dans la chambre.

Laura s'immobilisa sur le seuil. La vue des objets familiers et le parfum de sa mère qui flottait encore dans la pièce soulevèrent en elle une vague d'émotions. Elle fit un effort pour se contrôler et chasser les images de l'accident.

— Bien, reprit Lou en désignant les cartons qu'elle avait apportés. Mettons ce que nous voulons conserver dans celui-ci, et le reste dans l'autre.

Laura entra dans la chambre. Rien n'avait changé. Comme si sa mère allait revenir d'une minute à l'autre, la veste d'équitation était posée sur le dossier d'une chaise, la brosse à cheveux sur la commode...

Lou ouvrit le placard et se raidit à la vue des vêtements accrochés sur les cintres. Mais elle était forte, Lou, et elle avait l'esprit pratique.

— On commence par ça ? Heu... Je crois qu'on devrait en donner une partie à une œuvre de charité et mettre le reste à la poubelle.

— Jeter les vêtements de maman ?

— Il faut tout débarrasser pour Mary.

— On pourrait les ranger ailleurs !

Lou capitula.

— D'accord. On les descendra à la cave.

L'estomac noué, Laura décrocha les jupes, empila les pulls, tandis que Lou pliait méthodiquement les tailleurs et les rangeait dans un carton.

— Oh... sa veste de concours, souffla-t-elle, submergée par le chagrin.

Leur mère avait abandonné les concours de saut d'obstacles douze ans plus tôt, quand leur vie avait basculé. Laura avait alors trois ans. À l'époque, ils vivaient en

Angleterre. Leur grand-père leur avait proposé de s'installer à Heartland, en Virginie.

Lou plia tendrement la veste et la plaça sur le dessus du carton. Ensuite, elle se chargea de vider la salle de bains. Objets de toilette, produits de maquillage, différentes crèmes. De son côté, Laura ouvrit les boîtes à chaussures.

— Regarde ! un album de photos ! s'exclama-t-elle soudain.

Lou se pencha par-dessus son épaule.

— Là... c'est papa et maman.

Ils paraissaient si jeunes ! Leur père, grand et mince, avec des cheveux bruns et bouclés. Leur mère, petite et menue, levant les yeux vers lui. Puis des photos de chevaux. Pegasus, et Lou chevauchant un poney.

— C'est Minnie, dit Lou. Papa m'a mise en selle quand j'avais trois ans. Et là, te voilà bébé !

Laura tournait les pages avec ferveur, heureuse de retrouver les images de ce bonheur passé. Mais l'album s'arrêta brusquement sur une photo réunissant les deux sœurs à l'âge de trois et onze ans. Ne suivaient plus que des pages blanches.

— L'accident de papa, murmura Lou.

Elles découvrirent d'autres photos dans des enveloppes.

— La remise des diplômes quand j'étais à l'université, déclara Lou.

Laura leva la tête.

— Pourquoi tu ne nous as pas suivies chez grand-père ?

— Je pensais que papa reviendrait.

— Maman l'a attendu pendant des mois... Il nous a abandonnées, Lou.

Lou détourna la tête.

— Il serait peut-être revenu, si maman n'avait pas quitté l'Angleterre.

— Elle n'a pas pu faire autrement ! La maison lui rappelait trop de souvenirs !

— Oui, mais si elle y était restée, peut-être que papa serait rentré. Nous aurions été de nouveau tous ensemble !

Pourquoi Lou s'obstinait-elle à défendre leur père ? Leur mère avait vendu la maison et les chevaux, à l'exception de Pegasus qui avait été grièvement blessé, lui aussi. Elle l'avait guéri en Virginie. Et c'est alors qu'elle avait décidé d'ouvrir un refuge pour les chevaux.

— Je n'aurais pas pu vivre ici ! Maman m'aurait demandé de l'aider. Je ne l'aurais pas supporté après ce qui est arrivé à papa, déclara Lou.

Laura se tut. Il avait fallu que leur mère meure pour que Lou apprenne à aimer Heartland.

— Je ne m'attendais pas que vous traversiez l'Atlantique pour assister à ma remise de diplômes, reprit Lou.

— Maman était drôlement fière quand tu es entrée à l'université d'Oxford ! Elle a même dit que Heartland n'était rien à côté !

— Oh ! Elle a vraiment dit ça ? Je ne savais pas.

Laura entoura les épaules de sa sœur.

— Tu lui as beaucoup manqué, Lou. Elle était vraiment heureuse quand tu as décroché ton job à New York.

Lou se mordit la lèvre.

— Je ne suis pas venue vous voir souvent... Si seulement les choses avaient été différentes...

Puis elle se redressa.

— Ça ne sert à rien d'y penser. On ne peut pas vivre de regrets ! Bon, on finit ?

Les photos furent remises à leur place. Les affaires, rangées dans les cartons. Les filles s'activèrent en silence. Lou ouvrit le dernier tiroir de la commode.

— Je pense qu'on peut aussi jeter tout ça, dit-elle. Il n'y a que des cartes de vœux...

Soudain, elle s'interrompit.

— C'est quoi ? demanda Laura en désignant l'enveloppe que sa sœur tenait à la main.

Lou ne répondit pas. Laura s'approcha. La lettre était adressée à Marion Fleming, Heartland.

— C'est quoi ? répéta-t-elle.

— Elle a été envoyée il y a environ cinq ans, répondit Lou d'une voix blanche.

— Oui, et alors ?

Très pâle, Lou regarda sa sœur.

— C'est une lettre de papa.

— Ce n'est pas possible ! s'exclama Laura. Maman n'a jamais eu de nouvelles depuis qu'il nous a quittées !

— Oui, mais c'est l'écriture de Papa ! balbutia Lou en ouvrant l'enveloppe d'une main tremblante.

Elle regarda le timbre.

— Il l'a envoyée d'Angleterre. C'est là qu'il vivait... Je le savais ! ajouta-t-elle d'une voix rauque.

— Vite ! Qu'est-ce qu'il raconte ?

Lou marqua une pause.

— Pourquoi papa ne m'a-t-il pas contactée ?

— Voyons plutôt ce qu'il a écrit ! insista Laura.

Elle lui arracha la lettre des mains et lut à haute voix :

Marion chérie,

Je t'en prie, écris-moi, un mot, une carte, mais rompons ce silence. Je sais que je me suis mal conduit et je l'ai regretté chaque jour durant ces sept dernières années. Mais trouve dans ton cœur la force de me pardonner. Souviens-toi comme nous formions une bonne équipe. Nous pourrions sûrement recommencer. Je ne t'écrirai plus mais, je t'en supplie, dis aux filles que je les aime et qu'elles me manquent. Tout ce que je voudrais maintenant, c'est que nous formions à nouveau une famille. Je n'ai jamais cessé de t'aimer. Tim.

Laura laissa la lettre glisser sur le sol. Lou la ramassa et la lut à son tour. Leur mère leur avait menti. Elle leur avait martelé que leur père ne s'était jamais manifesté. Et pourtant cette lettre disait le contraire. Laura regarda sa sœur. Lou était livide.

— Pourquoi n'a-t-il pas essayé de me joindre ? gémit Lou. Je suis la seule à être restée en Angleterre pour l'attendre.

Laura haussa les épaules. Elle n'arrivait

pas à y croire. Leur mère avait-elle répondu ? Elle avait le sentiment que tout son univers venait de s'écrouler. Qu'est-ce que leur mère leur avait caché d'autre ?

— Je peux la garder ? demanda Lou d'une voix rauque.

Laura hocha la tête, incapable de rassembler ses idées.

— Oui... Je n'en veux pas... Maman ne m'en a jamais parlé...

— À moi non plus, dit Lou en glissant la lettre dans la poche de sa chemise.

Puis elle se dirigea vers les cartons et conclut d'un ton brusque :

— Maintenant, descendons tout ça à la cave.

Après avoir mis de l'ordre dans la chambre, Laura laissa sa sœur faire le ménage et se rendit à l'écurie. C'était le jour de congé de Ted et il y avait fort à faire : nettoyer les box et la cour, remplir les mangeoires, les seaux d'eau, rentrer les chevaux qui se trouvaient encore dans les paddocks. Mais elle eut beau s'activer, la lettre de son père l'obsédait.

Après avoir étrillé les trois chevaux en pension : Whisper, Charlie et Swallow, elle conduisit ce dernier au manège pour le faire travailler. C'était un hongre bai qui paniquait à la vue d'une voiture. Laura avait décidé de le mener sur la route, mais après avoir jeté un coup d'œil à sa montre, elle estima qu'il était trop tard. Demain, Ted serait là. À son retour du collège, elle sortirait le cheval avec lui.

En rentrant du manège, elle se rendit compte que Ted lui manquait, les rares fois où il s'absentait. Il avait seize ans quand il avait commencé à travailler à temps partiel à Heartland. Un an plus tard, il avait quitté le lycée pour consacrer son temps aux chevaux. Sans lui, jamais la famille n'aurait pu s'en tirer. Il travaillait sans répit et savait aussi bien que Laura comment soigner les chevaux.

Lorsque Lou rejoignit sa sœur pour l'aider à nourrir les chevaux, la cour était toujours aussi sale.

— Tu as vu dans quel état est la cour ! grommela-t-elle.

— Ça attendra demain, rétorqua Laura.

— Tu seras au collège.

— Je m'en occuperai avant d'y aller.

— Tu as fini tes devoirs ?

— Je n'ai presque plus rien à faire.

— Tu es sûre ? insista Lou.

— Oui. Je dois m'occuper de Pegasus.

Laura se dirigea vers le cagibi, au fond de l'écurie, où leur mère rangeait ses herbes et ses huiles médicinales. Elle choisit trois huiles différentes. En passant devant la mangeoire, elle avait remarqué que Pegasus avait à peine touché à sa nourriture. Était-il à nouveau déprimé ?

Elle revint dans le box, posa un baiser sur le chanfrein de l'étalon et commença à masser sa tête avec des petits mouvements circulaires, comme le faisait Marion. Progressivement, le cheval se détendit. Elle ouvrit alors un flacon de néroli, une huile essentielle obtenue par la distillation des fleurs du bigaradier, et la lui fit respirer. Il se détourna et coucha les oreilles en arrière.

Laura n'eut pas plus de succès avec la préparation à base d'achillée. En revanche, Pegasus réagit mieux à l'huile de bergamote.

Elle s'en versa quelques gouttes dans les mains pour lui masser les naseaux.

Le cheval avait toujours su la comprendre quand elle était malheureuse. Maintenant qu'il souffrait, c'était à elle de l'aider.

— Tu vas te sentir mieux, je te le promets, Pegasus, chuchota-t-elle avant de quitter le box.

Le lendemain matin, assise devant la table de la cuisine, Laura achevait son petit déjeuner tout en terminant son devoir de maths. La veille, à peine installée devant son bureau, elle s'était endormie sur ses livres.

— Laura ! Je croyais que tu avais fini ton travail ! s'exclama Lou en entrant dans la pièce.

— J'en ai encore un peu ! répondit-elle, sur la défensive.

Lou jeta un coup d'œil sur le cahier de sa sœur.

— Un peu ! Le mot est faible ! Oh, Laura ! Quand te décideras-tu...

Elle fut interrompue par l'arrivée de Ted.

— Salut ! Par quoi je commence aujourd'hui ?

— Je ne sais pas, répondit Laura en continuant à écrire. Swallow est prêt à...

Elle s'interrompit. « ... à affronter la route et la circulation », allait-elle dire. Non. Elle voulait être là pour le sortir avec Ted.

— Laura ! Tu vas rater le car si tu ne te dépêches pas ! intervint Lou.

Laura avala une dernière bouchée de pain, glissa ses livres et cahiers dans son sac à dos et se leva. Peut-être pourrait-elle finir son travail dans le car avec Matt et Soraya.

— Ted, tu fais comme tu veux ! dit-elle en sortant précipitamment.

— D'accord, grommela-t-il en rejetant en arrière ses cheveux noirs.

Laura arriva juste à temps pour attraper le car. Elle rejoignit Soraya à l'arrière.

— Salut ! Tu as passé un bon week-end ? lui demanda-t-elle.

— Oui, et toi ?

— Pas terrible. Et je n'ai pas fini mes devoirs.

— Le jour où tu les auras terminés à

temps, les poules auront des dents. Tu n'as qu'à copier sur moi.

— Merci, dit Laura tristement, en sortant son cahier.

— Il y a autre chose qui ne va pas ?

— Tout ! Pegasus refuse de manger. Grand-père est parti pour le Tennessee en nous laissant une tonne de travail... Et hier, en rangeant la chambre de maman, nous avons trouvé une lettre que papa lui a envoyée il y a cinq ans.

— Je croyais qu'il n'avait jamais donné de nouvelles à ta mère ? balbutia Soraya, sidérée.

— Moi aussi. Je n'en reviens pas. J'étais sûre qu'il nous avait oubliées.

Soraya hocha la tête.

— Ça change ton opinion à son sujet.

— Oui... et sur maman aussi, avoua Laura.

Soraya lui pressa la main. Elle comprenait. Laura préféra changer de sujet.

— Tu as compris quelque chose au devoir d'histoire ?

— Oui, vaguement.

Laura lut les notes que son amie lui tendait.

— J'espère que Matt me filera un coup de main, soupira-t-elle.

— Tu peux compter sur lui, gloussa Soraya. Matt ferait n'importe quoi pour toi !

Laura joua les innocentes.

— Je ne vois pas ce que tu veux dire.

— Tu le sais très bien ! Pauvre Matt ! Toutes les filles de la classe rêvent de sortir avec lui, mais il n'aime que toi !

— Mmm...

Matt Trewin monta dans le car à l'arrêt suivant. Il s'assit à côté des filles et fit la grimace :

— Encore en train de finir tes devoirs, Laura ?

— Tu peux m'aider ? demanda cette dernière en lui tendant son cahier.

Il parcourut les pages d'un œil amusé. Matt voulait devenir médecin et travaillait dur. Pour Laura, les chevaux passaient d'abord.

— Bon, c'est pas mal comme début, dit-il, puis il lui indiqua ce qui restait à faire.

Quand le car s'arrêta devant le collège

Jefferson, le devoir était terminé. Matt se dirigea vers le vestiaire des garçons. Soraya et Laura gagnèrent celui des filles.

— Oh non... gémit Soraya. Regarde qui est là !

Laura se retourna. Trois filles discutaient, parmi lesquelles se trouvait Angela Gorst. Coiffure sophistiquée, maquillage impeccable, vêtements de marque. Elle haussa les sourcils en voyant les deux amies arriver.

— Salut, Laura !

— Bonjour, Angela.

— Comment ça va à Heartland ?

— Bien. On a un travail fou.

Angela lui décocha un sourire moqueur.

— Ce n'est pas ce que j'ai entendu dire.

Les parents d'Angela possédaient une écurie, Yellow Sun. Valery, sa mère, élevait des poneys pour les faire concourir. Elle se proposait de soigner les chevaux en difficulté, mais ses méthodes étaient bien différentes de celles pratiquées à Heartland.

— Qu'est-ce que tu insinues ? riposta Laura.

Angela se tourna vers ses deux amies,

Karen et Jade, et elles échangèrent un sourire complice.

— On lui dit ?

— Quoi ? demanda Laura.

Soraya, qui détestait les disputes, tira son amie par le bras. Mais en vain :

— Alors, tu te décides à parler ou non ? insista Laura.

— Tu veux vraiment savoir ? persifla Angela. Eh bien, on raconte que les jours de Heartland sont comptés, maintenant que ta mère n'est plus là pour soigner les chevaux.

— C'est archifaux !

— Vraiment ? Allons, Laura, il ne reste plus que ta sœur new-yorkaise, Ted et toi ! Honnêtement, tu crois que les gens vont vous confier des chevaux de valeur ?

— Eh bien, ils le font ! Tu ne sais même pas de quoi tu parles !

Matt s'approcha tandis qu'Angela lançait sa dernière pique.

— Je pense que si. À mon avis, vous devriez abandonner et accepter que papa vous rachète les paddocks. Nos écuries n'ont jamais été si prospères... Oh ! salut, Matt, tu es là ?

Et elle s'éloigna de sa démarche ondulante.

— Laisse tomber, Laura, dit gentiment Matt. C'est une peste.

— Tu n'as qu'à l'ignorer, renchérit Soraya.

Laura ne répondit pas. Les paroles d'Angela lui serraient le cœur. Qu'adviendrait-il de Heartland si plus personne ne leur faisait confiance ?

Sitôt de retour à la maison, Laura chercha Lou pour lui rapporter les rumeurs qui couraient sur leur compte. Elle la trouva dans la cuisine. Lou était en train de noter une adresse sur une enveloppe. Elle sursauta et la glissa sous une pile de papiers.

— Qu'est-ce que c'est ? demanda Laura en désignant l'enveloppe.

— Rien, rien.

Lou hésita un instant, puis enchaîna :

— Comment ça s'est passé au collège ?

Laura lui répéta les paroles d'Angela.

— Ne t'inquiète pas, nous y arriverons.

La porte de la cuisine s'ouvrit et Ted entra.

— Tiens, tu es là, Laura ! Tu peux me filer un coup de main ?

— Bien sûr.

Elle monta enfiler un jean et un T-shirt. Ted l'attendait dans la cuisine.

— Qu'est-ce qui reste à faire ? demanda-t-elle en descendant l'escalier.

— Je n'ai pas eu le temps de panser les chevaux. Il en reste trois à faire travailler. Je me suis rendu compte, aujourd'hui, de tout le travail qu'abat ton grand-père.

Ted semblait éreinté.

— Ça sera plus facile quand Mary sera là, le consola Lou. Elle arrive samedi, et elle va nous aider. Elle montait souvent quand elle était petite.

Ted inclina la tête.

— Il y a déjà un cheval de moins à soigner, continua Lou.

— Un cheval de moins ? s'exclama Laura.

— Swallow est parti. Mme Roche a appelé ce matin pour savoir s'il était prêt à regagner son écurie. Elle est venue le chercher il y a deux heures.

Puis, devant l'expression stupéfaite de sa sœur, Lou ajouta :

— Tu as dit ce matin devant Ted qu'il était prêt à partir.

— Pas du tout !

Puis Laura se reprit :

— En fait, si. Sauf que je n'avais pas fini ma phrase. Pour moi, il était prêt à aller sur la route.

Lou écarquilla les yeux.

— Tu penses que je n'aurais pas dû le laisser sortir ?

— C'est évident... Ted, tu le savais bien ! cria-t-elle en se tournant vers lui.

— Comment voulais-tu que je devine ! Je croyais que tu l'avais sorti pendant le week-end !

— Je n'ai pas eu le temps, figure-toi !

— Écoutez, les interrompit Lou, appelons Mme Roche maintenant, et expliquons-lui. Vite, cherchez-moi son numéro.

Laura s'empara du répertoire et le feuilleta fiévreusement. Qu'arriverait-il si Mme Roche montait Swallow sur la route ? Il était un peu plus calme, mais loin d'être guéri de sa phobie des voitures.

— Je l'ai ! s'écria-t-elle.

À cet instant, ils entendirent une voiture freiner sur le gravier de la cour. Laura se précipita à la fenêtre.

— Oh non... gémit-elle en voyant descendre de voiture une femme trapue au visage rouge.

Mme Roche... et elle avait l'air furieuse !

3

Laura et Lou se précipitèrent dehors.

— Madame Roche, commença Lou, j'allais justement vous téléphoner, il y a...

Elle n'eut pas le temps de finir sa phrase. Mme Roche fonça droit sur elle.

— Louise Fleming, j'ai un mot à vous dire !

Lou garda son calme.

— Madame Roche, laissez-moi vous expliquer...

Mais Mme Roche n'était pas d'humeur à l'écouter.

— Je suis venue chercher mon cheval cet après-midi, convaincue qu'il était guéri ! Mais à peine l'ai-je sorti sur la route qu'il a failli passer sous un car. C'est peut-être ce que vous appelez guérir un cheval, mais ce n'est pas ce que j'attendais !

— Madame Roche, vous ne comprenez pas...

— Oh que si ! Vous vous êtes servies de la réputation de votre mère, mais vous n'avez pas son expérience !

— C'est une erreur ! explosa Laura. Ce n'est qu'un regrettable malentendu. Swallow n'aurait jamais dû quitter Heartland ! Nous voulions vous téléphoner.

— Laura a raison, renchérit Lou. Nous sommes désolées. Si vous voulez bien nous ramener Swallow, nous continuerons à le soigner à nos frais.

— Le ramener ? Il n'en est pas question ! Je vais le confier à des gens qui connaissent les chevaux !

Ses yeux lançaient des éclairs. Elle tourna les talons et jeta par-dessus son épaule :

— Je ne vais pas en rester là ! Croyez-moi, vous pouvez dire adieu à votre centre ! Plus personne ne prendra le risque de vous confier des chevaux !

Furieuse, elle monta en voiture, claqua la portière et démarra en trombe.

— Génial ! lança Lou.

— Comment rattraper le coup ? se lamenta Laura.

— Aucune idée. Que veux-tu faire ? Je vais lui écrire une lettre d'excuses et lui expliquer le quiproquo. Mais je doute qu'elle change d'avis... Quelle tuile ! C'est bien le moment !

— Je suis désolé, Lou, ajouta Ted. J'aurais dû réfléchir.

Laura le fusilla du regard.

— Je n'arrive pas à croire que tu aies laissé faire ça !

Le visage de Ted se crispa. Lou vola à son secours.

— Hé ! Ce n'est pas sa faute, Laura ! C'est moi qui ai eu Mme Roche au téléphone, et ce matin tu as tout de même laissé entendre que Swallow était guéri.

Laura ne voulut pas en démordre.

— Comment as-tu pu être aussi stupide, depuis le temps que tu travailles ici, Ted !

Ted pâlit et tourna brusquement les talons. Laura regretta aussitôt ses paroles.

— Ted ! s'écria-t-elle.

— Bon, le mal est fait. Tu ferais mieux d'aller lui parler, soupira Lou.

Laura courut à l'écurie.

— Je suis désolée, Ted, dit-elle en posant la main sur son épaule.

— Laisse tomber, grommela-t-il.

— Je ne pensais pas ce que je disais !

— Possible, mais tu l'as dit.

Laura se tut.

— Je vais panser Jasmine, ajouta Ted froidement.

Et il la planta là.

Laura le suivit du regard. Ce n'était pas la première fois qu'elle se mettait en colère. Mais là, elle avait blessé Ted. Troublée, elle revint lentement vers la maison.

— Qu'est-ce qu'on va faire, Lou ? gémit-elle en s'asseyant en face de sa sœur.

— Si Mme Roche ébruite cette histoire, ça ne va pas arranger les choses. Attendons que l'orage passe. Je crois vraiment que nous devrions apporter quelques changements à Heartland.

— Quel genre ?

Laura redoutait les propositions de sa sœur. Malgré ses vingt-trois ans, Lou avait un esprit de femme d'affaires. Mille fois Laura avait contesté ses suggestions ! Certaines s'étaient pourtant révélées bénéfiques.

— Pour commencer, continua Lou, on devrait mettre un peu d'ordre dans la pagaille de la cour. Ranger les fourches qui traînent par terre, enlever la paille qui jonche le sol, entasser le fumier ailleurs. Tout ça donne mauvaise impression aux clients qui débarquent ici.

— C'est parce que grand-père n'est pas là et qu'on a trop de travail !

— D'accord, mais ce n'était guère mieux avant. Les portes des box ont besoin d'être repeintes et l'écurie mieux entretenue.

Laura fronça les sourcils. Elle aimait les lieux tels qu'ils étaient.

— Peut-être, marmonna-t-elle sans conviction.

— Puisque tu es d'accord, nous allons nous y mettre pendant le week-end. Mary nous donnera un coup de main. Nous devrions aussi penser à un peu de publicité.

Elle se tourna vers Laura.

— Tu te souviens de mon idée de distribuer des brochures ? Cela pourrait nous apporter quelques pensionnaires en plus. On aurait alors les moyens d'engager un autre palefrenier à mi-temps, par exemple.

— Oui, mais quelqu'un qui sache à la fois s'occuper des chevaux et les soigner selon nos méthodes.

— Ça tombe sous le sens ! Où est le problème ?

Laura fit la moue. Ce ne serait pas si simple de trouver la personne idéale. Dans le monde équestre, rares étaient ceux qui prenaient en compte la détresse des chevaux. D'ailleurs, il ne s'agissait pas d'engager un nouvel employé, mais de trouver de nouveaux clients. Ted et elle s'en tiraient très bien seuls.

Laura se leva.

— Je ferais mieux de retourner à l'écurie.

Elle trouva Ted occupé à entasser des bottes de foin. Lui avait-il pardonné ? Elle prit une fourche et se mit à l'aider.

— Lou a une idée pour attirer d'autres clients, avança-t-elle, mal à l'aise.

Ted ne répondit pas.

— Elle veut distribuer des brochures

publicitaires aux selliers et à nos fournisseurs.

Il ne leva même pas la tête.

— Elle trouve aussi que nous devrions rendre la cour plus attrayante. Qu'est-ce que tu en penses ? demanda-t-elle d'un ton enjoué.

Cette fois, il la regarda.

— Je m'occupe d'une quinzaine de chevaux, et la journée n'a que vingt-quatre heures. Je nettoierai la cour dès que je le pourrai.

— Ce n'était pas une critique, Ted ! De toute façon, ça fait aussi partie de mon travail !

Ted enfonça rageusement sa fourche dans le foin.

— Parfait ! Eh bien, je vais commencer à balayer.

— Ted ! Attends ! cria-t-elle.

Elle hésita, puis décida de le rattraper.

— Je suis désolée... Je te l'ai déjà dit... C'est ma faute, ce matin je ne pensais qu'à finir mes devoirs.

Elle le retint par le bras.

— S'il te plaît... Je ne veux pas qu'on se

dispute. Tu es trop important pour moi... et pour Heartland.

À ces mots, Ted se détendit un peu. Laura lui lâcha le bras et ajouta avec un rire nerveux pour cacher son trouble :

— On dirait que mes mains ne peuvent pas faire autrement que de s'accrocher à toi !

— Je fais toujours cet effet aux filles, marmonna-t-il avec un sourire.

— Oui, dans tes rêves ! gloussa-t-elle, comprenant qu'elle était pardonnée. Dis, je suis vraiment désolée...

— Bon, n'en parlons plus. J'ai mal réagi, moi aussi. Mais la charge de travail est lourde depuis que ta mère n'est plus là.

Le visage de Laura s'assombrit.

— Hé ! reprit-il doucement. Ne fais pas cette tête, on s'en tirera !

— Oui, soupira-t-elle.

Il était l'heure de nourrir les chevaux. Laura partit chercher Pegasus dans le pré. Ce dernier remonta lentement le chemin ; il avait maigri et semblait épuisé.

La médecine douce ne donne pas des résultats immédiats, et l'huile de bergamote n'avait pas fait grand effet. Laura le ramena dans son box.

— Je vais lui préparer une bouillie de son, dit-elle à Ted en le rejoignant au fond de l'écurie. Il faut qu'il mange.

— Propose-lui aussi une banane et du miel, c'est plein d'énergie, suggéra-t-il.

Elle eut beau ajouter à la préparation de la poudre de menthe qu'il adorait, Pegasus demeura indifférent.

— Qu'est-ce que je peux faire pour toi, Pegasus ? murmura-t-elle, angoissée.

On voyait ses côtes saillir. Son regard était morne. Il hennit faiblement.

Laura appuya la joue contre son encolure. Le voir aussi mal en point lui déchirait le cœur. Elle quitta le box et annonça à Ted :

— Je vais appeler Scott.

— Bonne idée.

Laura téléphona au centre vétérinaire.

— Ce n'est pas vraiment urgent, Scott, mais nous sommes inquiets.

— Dans ce cas, je passerai ce soir après ma tournée, promit-il.

À six heures trente, la vieille Chevrolet de Scott remonta la piste.

— Donc, Pagasus refuse toute nourriture ? demanda-t-il tandis que Laura l'accompagnait jusqu'à l'écurie.

— Oui... Je crois que maman lui manque toujours.

Scott lui pressa affectueusement la main. Il était grand, avec de larges épaules et un beau visage.

— Je ne décèle rien d'anormal, mais il a perdu beaucoup de poids, dit-il en examinant Pegasus. Il s'agit peut-être d'un virus. Est-ce que d'autres chevaux présentent les mêmes signes ?

— Non.

Scott sortit une seringue de sa sacoche pour effectuer une prise de sang.

— Tu crois que c'est à cause de maman ? demanda Laura.

— Certains en doutent, mais d'après moi les chevaux éprouvent du chagrin quand ils perdent leur maître. Les symptômes de Pegasus peuvent aussi bien être de nature émotionnelle que résulter d'un virus ou d'une maladie plus grave.

— Une maladie plus grave ? répéta Laura, inquiète.

Elle n'avait jamais envisagé que Pegasus puisse tomber malade.

— Ne t'affole pas, Laura. Nous aurons les résultats des analyses dans un jour ou deux.

Laura caressa Pegasus et poussa un soupir.

— J'espère que ce n'est rien...

Lou arriva à cet instant.

— Salut, Scott !

Il se retourna, et son regard s'illumina.

— Comment ça va ?

— Bien. Et Pegasus ?

Il lui répéta ce qu'il avait expliqué à Laura.

Lou lui ouvrit la porte du box.

— Vous... vous voulez boire quelque chose ? proposa-t-elle timidement.

Laura regarda sa sœur et la vit rougir.

— Avec plaisir, répondit Scott en souriant.

Troublé, il oublia la présence de Laura.

— Tu viens avec nous ? lança Lou.

— Non, je préfère rester avec Pegasus.

Elle les suivit des yeux. Lou et Scott commençaient-ils enfin à s'apprécier ? Laura entoura le cou de Pegasus et lui chuchota à l'oreille :

— Ils vont bien ensemble, tu ne trouves pas ?

Pegasus redressa la tête comme pour acquiescer. Laura sourit.

— Je t'aime, murmura-t-elle en lui posant un baiser sur les naseaux.

Pour toute réponse, Pegasus hennit doucement.

4

Laura s'était levée à l'aube pour nourrir les chevaux. Elle rentra se changer avant d'aller au collège. Lou venait de raccrocher le téléphone quand elle entra dans la cuisine.

— C'était Helen Rushton, dit Lou d'un ton lugubre.

— La propriétaire de Whisper ?

— Oui. Elle va passer avec sa remorque cet après-midi pour le reprendre.

— Pourquoi ? Il est sur la voie de la guérison.

— Elle a parlé avec Mme Roche, et devine où elle veut le mettre ?

— Pas à Yellow Sun, j'espère ?

— Justement, si.

— Ce n'est pas juste ! Ted et moi avons déjà fait presque tout le boulot. Il est beaucoup moins nerveux et il reprend confiance ! s'écria-t-elle en gravissant rageusement l'escalier.

La rumeur et la calomnie faisaient leur chemin. Mme Roche continuait à ruiner la réputation de Heartland.

À l'heure du déjeuner, lorsqu'elle retrouva Soraya à la cafétéria, Laura était toujours aussi furieuse.

— Alors, Laura, j'ai entendu dire que tu viens de perdre un deuxième pensionnaire, dit une voix moqueuse.

C'était Angela ! Elle avait mal choisi le moment pour venir la narguer.

Laura la foudroya du regard.

— Fiche le camp, Angela, lui conseilla Soraya.

Angela l'ignora.

— Tu sais, continua-t-elle, perdre deux chevaux en une semaine, c'est beaucoup.

Laura se concentra sur son assiette de crudités.

— Mme Roche est ravie des progrès que

fait Swallow depuis qu'elle nous l'a confié. C'est ça, avoir de l'expérience.

C'en fut trop. Laura bondit et s'avança vers Angela.

— De l'expérience ? cria-t-elle, ignorant les regards braqués sur elle. Il était pratiquement guéri ! Vous n'y êtes pour rien !

— Dommage que Mme Roche en juge autrement !

Avant de battre en retraite, Angela lança avec un rire satisfait :

— Tiens, j'ai oublié de te dire que j'ai gagné deux rubans bleus au concours ! C'est moche que tu n'aies plus le temps de te présenter ! Tu n'étais pas si mauvaise !

L'humeur de Lou n'était guère meilleure que la sienne quand Laura revint à Heartland.

— Non... J'apprécie votre offre, mais nous ne sommes pas intéressés... Nous n'avons pas l'intention de vendre... Oui, au revoir.

Elle raccrocha le téléphone.

— C'était qui ? demanda Laura.

— Michael Gorst. Il aimerait racheter Heartland.

— Ces gens ne peuvent pas nous ficher la paix ?

— L'offre était intéressante, avoua Lou.

— Pas question de vendre !

— Bon, bon, calme-toi. J'ai quand même une bonne nouvelle à t'annoncer. Une certaine Mme Garcia m'a téléphoné. Son cheval refuse de monter dans une remorque. Elle viendra samedi pour nous rencontrer.

— Super !

Une lueur de soulagement traversa le regard bleu de Lou.

— Je lui ai proposé une remise, elle m'a paru ravie. Apparemment, c'était cinquante dollars de moins que Yellow Sun.

— Mais pourquoi ? On ne fait jamais ça ! explosa Laura.

— Elle l'a demandé. Qu'est-ce que je pouvais faire ? J'ai fixé mon prix pour une semaine. Son séjour ne durera pas plus longtemps.

Laura n'en croyait pas ses oreilles.

— Qu'est-ce que tu en sais ? Nous ne

connaissons pas ce cheval ! Ça risque de durer un mois ! Tu dois la prévenir !

— Je ne peux pas, ce n'est pas professionnel. D'ailleurs, nous devrions avoir une grille de tarifs, comme tout le monde.

— Nous ne sommes pas tout le monde ! Maman a toujours traité chaque cheval individuellement. C'est un plus pour Heartland !

— Mais, Laura...

— Tu ne dois rien changer, Lou ! Rien du tout !

Nerveusement, Lou passa une main dans ses cheveux et poussa un soupir.

— Bon, bon... Je parlerai à Mme Garcia quand elle viendra nous voir.

Lou semblait de nouveau découragée. Laura éprouva des remords. Sa sœur avait passé des années loin du domaine. Elle avait du mal à comprendre l'originalité de Heartland.

Comme convenu, Mme Garcia arriva le samedi matin. Grande, maigre, elle n'apprécia pas du tout le discours de Lou.

— Vous avez fixé un prix au téléphone, et voilà qu'il a changé ?

— Je sais... je suis ennuyée, s'excusa Lou.

Laura vint à la rescousse.

— Il est difficile de déterminer un prix définitif, madame Garcia, avant d'avoir observé pendant quelques jours comment se conduit le cheval.

À l'évidence, Mme Garcia jugea que l'avis de la petite sœur n'avait aucune importance.

— Si je comprends bien, reprit-elle froidement en se tournant vers Lou, votre prix a changé. On peut savoir pourquoi ?

— Comme vous l'expliquait Laura, tout dépend du temps qu'il faudra pour guérir votre cheval. Ça peut prendre trois jours...

— ... et deux jours de plus pour s'assurer qu'il est définitivement guéri ! l'interrompit Laura.

Mme Garcia l'ignora à nouveau.

— Cinq jours ? À Yellow Sun, ils m'ont dit qu'il fallait compter dix jours !

Laura revint à la charge.

— Ça dépend de l'approche que nous adoptons avec le cheval. Chaque cas est particulier, madame Garcia. Si un cheval éprouve une peur instinctive devant une remorque, nous devons le soigner en douceur. Cela peut aussi durer six semaines.

— Six semaines ?

— Ce ne sera peut-être pas le cas, intervint Lou en jetant un regard en biais à sa sœur.

— Je vois. Vous ne pouvez rien garantir. Désolée, mais je crois que je vais placer mon cheval ailleurs.

— On peut aussi obtenir un résultat en trois jours, plaida Lou, désespérée.

Mme Garcia avait déjà quitté la cuisine et se dirigeait vers sa voiture.

— Bravo ! Comment tu as pu faire ça ? rugit Lou en se tournant vers Laura. Yellow Sun va bénéficier d'un cheval de plus, et bientôt Heartland sera vide !

— J'ai été honnête ! riposta Laura.

— Eh bien, la vérité n'est pas toujours bonne à dire ! Tu as fait fuir une cliente, c'est tout !

— Ce n'est pas vrai !

— Tu ne comprends donc pas que si nous ne trouvons pas rapidement des clients, je devrai faire des chèques en bois pour payer la nourriture des chevaux ? On ferait mieux d'oublier pour un temps nos beaux principes !

— Salut ! entendirent-elles soudain.

Elles sursautèrent. La trentaine environ, grande, mince, avec des cheveux blonds et bouclés retombant en cascade sur ses épaules, une jeune femme se tenait sur le seuil de la cuisine.

— Mary ! cria Lou.

— J'arrive au mauvais moment ?

— Ne sois pas bête ! Je suis tellement contente de te revoir !

— Moi aussi... Dites, on vous entend du fond de la cour.

Lou se mit à rire.

— Voici Laura, ma petite sœur.

— Salut ! dit Laura en s'avançant.

— J'ai beaucoup entendu parler de toi, et de Heartland.

— Viens, on va te faire visiter, proposa Lou.

Puis, avisant la tenue élégante de son amie :

— Tu veux peut-être te changer, avant ?

— Pourquoi ? Ça se lave, les vêtements !

Laura les suivit, avec la certitude qu'elle allait beaucoup aimer la copine de sa sœur.

Elles croisèrent Ted dans la grange où se trouvait Sugarfoot.

— Contente de te connaître, Ted, dit Mary en lui serrant la main. Oh ! Quel adorable petit shetland, s'écria-t-elle en s'approchant du poney.

Sugarfoot l'adopta à la minute et il frotta ses naseaux contre son visage.

— Quand j'étais petite, je rêvais de vivre dans un endroit de ce genre. Vous avez drôlement de la chance, les filles ! s'exclama-t-elle.

— Tu habites où ? s'informa Laura, qui la trouvait de plus en plus sympathique.

— Dans le New Jersey, fit-elle en se dirigeant vers l'écurie.

Elle s'arrêta devant le box de Pegasus et dit doucement :

— Hé ! Ce garçon-là n'a pas l'air en forme.

— C'est exact, soupira Laura.

Pegasus refusait toujours de manger.

— Quel est son problème ? demanda Mary.

— Nous l'ignorons, répondit Lou.

— L'analyse de sang n'a rien révélé de particulier. Je pense que maman lui manque. Il l'adorait, expliqua Laura.

— Pauvre vieux, murmura Mary. Mais il va se rétablir, non ?

Le cœur de Laura se serra brusquement. Bien sûr qu'il allait se rétablir ! Elle ne pouvait envisager une autre issue. Elle regarda Pegasus. La seule pensée de le perdre lui parut intolérable.

Après avoir déchargé la voiture de Mary, les deux sœurs l'aidèrent à s'installer.

— Je ne sais pas pourquoi j'ai emporté tous ces vêtements. Deux jeans et deux shorts auraient suffi, constata Mary en défaisant ses valises.

— On en prend toujours trop, dit Lou.

Laura et Lou la laissèrent se changer. Quelques instants plus tard, la jeune femme vint les rejoindre dans la cuisine.

— Je me réjouis de ces vacances ! s'exclama-t-elle.

Elle portait un bermuda et un T-shirt, et avait attaché ses cheveux.

— Vacances... je ne sais pas trop, grimaça Lou. Il y a déjà une tonne de travail en retard.

— Lou a préparé un programme d'enfer, avoua Laura.

— Je n'en doute pas !

— Tu veux boire quelque chose ? demanda Lou en ouvrant le réfrigérateur.

Les filles s'assirent autour de la table et Mary questionna son amie :

— Parle-moi un peu de ta nouvelle vie, Lou ! Ça doit te changer du rythme new-yorkais !

— Je m'y fais, mais certaines choses me manquent.

— Tes amis, j'espère ? Car toi, tu nous manques.

Laura se sentit un peu frustrée. Elle avait presque oublié l'existence citadine de sa sœur, son bel appartement et son ancien petit ami, Carl.

— Il y a beaucoup à faire ici, surtout depuis le départ de grand-père, souligna Lou.

— Tu es tout de même contente, non ?

— Oui, j'ai redécouvert ma passion pour

les chevaux, le bonheur d'être en famille et de vivre à la campagne.

Mary lui jeta un coup d'œil malicieux.

— Et les garçons ? Ils sont comment, ici ?

Lou rougit.

— Oh, tu sais...

— J'aimerais vraiment en savoir un peu plus !

Mary se tourna vers Laura en riant :

— Allons, Laura, raconte-moi les potins ! Il y a bien quelqu'un dans la vie de ta sœur, elle a rougi !

— Mary ! J'ai bien trop à faire ! protesta Lou.

— Je parle à ta sœur, répliqua Mary, taquine.

Lou se leva brusquement.

— On ferait mieux d'aller rejoindre Ted au lieu de papoter comme des commères !

— D'accord. Tu fuis, mais moi je découvrirai ton secret, conclut Mary en riant.

Dans l'après-midi, Laura alla chercher Pegasus au pré. Comme d'habitude, il l'attendait devant la barrière. Elle l'appela, mais ses oreilles ne bougèrent pas. Son cœur se mit à battre plus fort. Le vieux cheval s'affaiblissait de jour en jour. Les remèdes ne lui faisaient aucun effet. Elle attacha la longe au licol et chuchota tendrement :

— Viens... Retournons à l'écurie.

Elle claqua la langue. Pegasus ne broncha pas.

— Allons, viens, insista-t-elle, de plus en plus inquiète.

Pegasus fit péniblement un pas, puis un second. Soudain, ses jambes se dérobèrent, et il tomba lourdement sur le sol.

Il parvint à se retourner sur le flanc. Laura eut la sensation que le monde venait de s'écrouler.

— Pegasus !

Elle s'agenouilla près de lui. Il redressa la tête. Il était encore en vie.

— Pegasus, je t'en supplie, redresse-toi, bonhomme, murmura-t-elle, le souffle court.

Le grand cheval la regarda. « Non, crut-elle lire dans ses yeux. Non, je ne peux pas. »

La terreur la submergea. Elle lâcha la longe et partit en courant sur la piste.

— Lou ! hurla-t-elle. Viens vite !

Accroupie près de Pegasus, Laura le caressait et lui parlait doucement. Mary le regardait, anxieuse. Les deux amies étaient accourues aussitôt en entendant Laura appeler.

— J'ai téléphoné à Scott, dit Lou. Il arrive.

Laura leva vers sa sœur un visage affolé.

— Je me demande s'il ne s'est pas cassé une jambe.

Lou ramassa la longe.

— Allons, Pegasus, essaie de te relever.

Les yeux à demi clos, le cheval ne bougea pas.

Si seulement Ted était là ! Mais il avait pris sa journée de congé.

— Qu'est-ce qu'on peut faire, Lou ? gémit Laura.

— Rester calme, répondit sa sœur en posant la main sur son épaule.

— Mais je ne peux pas rester calme ! Pegasus, s'il te plaît, redresse-toi ! implora-t-elle, la gorge sèche, les yeux pleins de larmes.

— Écoute, je vais chercher un peu de nourriture. Peut-être que ça l'encouragera.

Lou revint quelques minutes plus tard avec un seau d'avoine. Elle le posa près de lui, mais c'est à peine si Pegasus tourna la tête.

— Il semble tétanisé, murmura Mary.

— Peut-être qu'il est encore sous le choc. Laura, elle aurait fait quoi, maman ? demanda Lou.

— Elle lui aurait donné un remède naturel.

— Tu veux bien aller en choisir un ? Prends aussi une couverture. C'est important de le tenir au chaud.

Paniquée, Laura courut jusqu'au cagibi où sa mère rangeait les remèdes. Elle revint aussi vite que possible, versa quelques gouttes d'huile essentielle dans ses mains et commença à masser le poney. Pegasus dut en apprécier l'odeur, car il redressa faiblement la tête pour lécher la paume de la jeune fille.

— Brave garçon, c'est bien ! s'écria Laura, soulagée de le voir bouger.

— C'est quoi ? s'informa Mary en désignant le flacon.

— Des essences de fleurs. Maman s'en servait pour les chevaux traumatisés.

Lou étala la couverture sur le corps de Pegasus et jeta un coup d'œil à sa montre.

— Je me demande quand Scott va arriver.

Laura avait l'impression que le regard du cheval était plus vif. Il leva un peu plus la tête et dressa les oreilles.

Laura bondit de joie et tira doucement sur la longe.

— Allez, Pegasus ! Lève-toi !

Le remède semblait efficace : Pegasus obéit lentement. Ses jambes flageolaient, mais il ne s'était rien cassé en tombant.

Tandis que Laura le palpait, les filles entendirent le bruit d'une voiture sur la piste.

— C'est Scott ! s'écrièrent-elles.

Une portière claqua. Quelques secondes plus tard, le vétérinaire se précipitait vers elles.

Pegasus avait réussi à marcher jusqu'à l'écurie. Une demi-heure plus tard, il se trouvait dans son box. Scott l'ausculta minutieusement et lui administra des antibiotiques contre une éventuelle infection. Près de la porte, Lou, Laura et Mary le regardaient faire.

— Alors, il souffre de quoi ? Pourquoi est-il tombé ? questionna Laura.

— Le manque de nourriture l'a affaibli. Il ne s'est pas blessé. Mais son absence d'appétit m'inquiète.

— Avez-vous une idée de ce qu'on devrait lui donner à manger ? s'informa Lou.

Scott fronça les sourcils.

— Oui mais... Souviens-toi que c'est un vieux cheval, ajouta-t-il en se tournant vers Laura.

— Qu'est-ce que tu insinues ?

— Vu son âge et les symptômes qu'il présente, il peut tomber gravement malade.

— Oh non... gémit-elle, les yeux brillants de larmes.

— Je suis navré, Laura. Mais, très franchement, je ne crois pas qu'il ait beaucoup de chances de se remettre.

Un affreux silence régna. Scott se racla la gorge.

— Je pourrais le transporter au centre, mais je ne pense pas qu'il supporterait un déplacement. On parviendrait à soigner son stress, mais le guérir complètement me paraît improbable... Laura, je sais combien ça te fait mal, mais je pense que c'est le début de la fin.

— Ce n'est pas possible ! sanglota Laura en s'accrochant au cou de Pegasus.

Le cœur brisé, elle entendit Scott dire à Lou :

— On ne peut qu'attendre... Mais si son état empire, il serait plus généreux de l'endormir.

Laura songea qu'elle ne pourrait jamais vivre sans Pegasus. La paille craqua derrière elle. Lou s'avança et passa le bras autour de ses épaules.

— Rien n'est joué, il va peut-être se rétablir, n'est-ce pas ? supplia Laura.

— Tout est possible, renchérit Scott. S'il surmonte sa dépression, il pourra encore passer de longues années avec toi.

Laura se sentit un peu mieux. Peut-être Pegasus allait-il guérir. Elle renifla et leva les yeux vers Scott.

— Comment puis-je lui venir en aide ?

— Fais tout ce que tu jugeras bon. On ne sait jamais.

— Je vais tout essayer.

Elle appuya sa joue contre le chanfrein du cheval.

— Tu vas aller mieux, bonhomme, je te le promets.

Lou lui pressa doucement le bras.

— Laisse-le se reposer, maintenant.

De retour dans la cuisine, Lou fit les présentations qu'elle n'avait pas eu le temps de faire dans le box de Pegasus.

— Ravie de faire votre connaissance, dit Mary.

— Moi aussi, je... commença Scott, avant de voler au secours de Lou qui sortait quatre cannettes du réfrigérateur.

Leurs mains s'effleurèrent. Lou rougit. Laura, amusée, remarqua le trouble de sa sœur.

— Alors, les affaires reprennent ? demanda Scott pour faire diversion, tandis que Lou ouvrait un paquet de chips.

— Pas vraiment, soupira-t-elle.

— Eh bien, je pense vous avoir trouvé une nouvelle cliente. Lisa Stillman.

— Oh ! Celle qui possède la célèbre écurie de chevaux arabes ?

— Oui, répondit Scott. Je m'occupe de ses chevaux depuis quelques mois. En ce moment, elle a une petite jument qui se montre agressive et récalcitrante quand on la monte. Je l'ai examinée. Elle n'a aucun problème physique. J'ai conseillé à Lisa de vous la confier.

— Génial ! jubila Laura. Son écurie est magnifique, et si on lui plaît, elle va nous fournir du travail !

— Quelle chance ! s'exclama Mary.

— D'autant que la jument a déjà séjourné

à Yellow Sun et dans une autre écurie, sans aucun succès.

— Scott, vous croyez qu'elle va nous téléphoner ? demanda timidement Lou, qui n'osait croire à la bonne nouvelle.

— Je lui ai dit que j'allais vous en parler d'abord. Il faut savoir qu'elle est particulièrement maniaque, car ses chevaux ont de la valeur. Mais j'ai une idée... je dois passer voir l'un d'eux ; vous voulez que je vous emmène ?

— Oui, bien sûr !... Mais Pegasus... Nous ne pouvons pas le laisser seul.

— Je peux rester, intervint Laura.

Scott hocha la tête.

— Non, Lisa voudra rencontrer celle qui soignera Promise, sa jument.

— Dans ce cas, voulez-vous que je veille sur Pegasus ? proposa Mary.

— Merci, tu es gentille, soupira Lou. Mais Pegasus sera mieux avec moi. Il me connaît.

Laura crut lire une lueur de déception dans les yeux de Scott.

Dix minutes plus tard, Laura et Mary montaient dans la vieille Chevrolet. La banquette arrière était encombrée de tout un équipement vétérinaire. Laura dut repousser les livres et revues pour faire un peu de place à ses pieds.

— Excuse le désordre, Laura ! lança Scott par-dessus son épaule.

— Ce n'est pas grave.

— Depuis quand exercez-vous votre métier ? demanda Mary.

— Six ans. Mais je me suis spécialisé dans la médecine équine il y a trois ans.

— Ça doit être fascinant, dit-elle en lui décochant son plus charmant sourire, et en tortillant une boucle de ses cheveux.

Laura les écouta parler et plaisanter. Soudain, elle se rendit compte que Mary faisait du charme à Scott !

— Vous connaissez Lou depuis longtemps ? demanda Scott.

— Depuis qu'elle s'est installée à Manhattan. Nous avons travaillé dans la même entreprise.

— Je suppose que vous avez rencontré son fiancé ?

— Carl ? Oui. Il travaille à Chicago, maintenant.

— Ils sont toujours en contact ? demanda Scott, d'un ton faussement indifférent.

— Non, je ne crois pas, répondit Mary, un peu surprise par cette question.

Laura jugea bon d'intervenir.

— Ils ne se sont pas parlé depuis qu'ils ont rompu.

Scott hocha la tête.

— Depuis que Lou a renoncé à son métier pour se fixer à Heartland, elle a dû affronter des difficultés inattendues. Mais j'ai l'impression qu'elle s'en sort très bien, conclut-il.

Mary lui jeta un petit coup d'œil.

— Oui, Lou est formidable. Je ne pourrais pas rêver d'une meilleure amie.

Bingo ! Laura retint un soupir de soulagement. Mary avait enfin compris !

Fairfield, l'écurie de Lisa Stillman, se trouvait au bout d'une longue route bordée de grands arbres. Mais ce furent surtout les merveilleux chevaux arabes paissant dans les paddocks qui fascinèrent Laura.

Scott arrêta sa voiture devant une somptueuse maison blanche. La cour pavée était entourée de superbes box. Sur chaque porte était fixée une plaque de cuivre portant le nom du cheval. Des corbeilles de fleurs étaient accrochées çà et là. Les palefreniers portaient tous une chemise verte sur laquelle étaient brodées les initiales de l'écurie.

— Waouh... laissa échapper Laura, éblouie.

— Je dois reconnaître que c'est impressionnant, dit Scott en souriant.

Il descendit de voiture et ajouta :

— Je vais demander où est Lisa.

Pendant son absence, Mary se tourna vers Laura.

— Tu veux que je te dise, je crois que Scott tient beaucoup à ta sœur. Oh là là ! Je devais avoir l'air idiote tout à l'heure !

— Je crois que Lou aussi tient à lui, avoua Laura.

— C'est bien ma chance ! conclut gaiement Mary.

Elle se tut lorsque Scott revint.

— Lisa est dans son bureau. Laura, je te préviens, elle est parfois un peu pète-sec.

Ensemble, ils se dirigèrent vers le bureau. Lisa, assise derrière sa table de travail, la quarantaine, blonde et ravissante, leva la tête en les voyant entrer.

— Scott ! s'écria-t-elle d'une voix mielleuse. Comment ça va, mon chou ?

Elle lui ouvrit les bras et l'embrassa sur les deux joues.

— Bien, répondit-il, un peu gêné. Je te

présente Laura Fleming et une amie de la famille, Mary...

— Gordon, précisa Mary.

— Laura est la sœur de Lou, qui a dû rester à Heartland pour veiller sur un cheval. Mais je suis sûr que Laura pourra répondre à toutes tes questions.

Lisa fronça légèrement les sourcils.

— Quel âge as-tu ?

— Quinze ans.

— Laura est une spécialiste, elle connaît bien les chevaux, précisa Scott.

Lisa ne parut pas convaincue.

— Promise est une jument de prix. Je ne peux pas la laisser entre les mains d'une fille de quinze ans !

— Lisa, Laura a plus d'expérience qu'une personne qui aurait le double de son âge.

— J'ai déjà soigné des pur-sang, renchérit Laura. J'ai guéri celui de Nick Halliwell, qui refusait de monter dans un van. J'applique toujours les méthodes que m'a enseignées ma mère. C'est elle qui m'a appris tout ce que je sais.

— Et quelles sont ces méthodes ?

— Nous traitons les chevaux avec respect, bonté et compréhension, déclara Laura, décidée à ne pas se laisser intimider. Nous essayons de les comprendre et nous évitons de les effrayer. En fait, nous écoutons les chevaux, ajouta-t-elle en regardant Lisa droit dans les yeux.

Il y eut un silence. Lisa hocha la tête.

— Ce que tu dis me plaît. Je te confie Promise.

Laura se détendit enfin.

— Viens la voir, ajouta Lisa.

Laura la suivit. Par-dessus la demi-porte de son box, Laura vit une adorable petite jument, dont la crinière blanche et crémeuse tombait sur le front. Elle avait des yeux brillants et des naseaux frémissants. Tout en elle suggérait intelligence, douceur et sensibilité.

— J'ai du mal à croire qu'elle puisse être agressive, murmura Laura.

— Elle ne l'est pas, sauf quand on tente de la monter. La semaine dernière, nous l'avons présentée devant un jury : elle a essayé de mordre le juge.

Laura s'avança doucement. Promise tourna

la tête vers elle et dressa les oreilles. Laura nota qu'elle restait sur ses gardes.

— C'est quoi, son histoire ? dit-elle en lui flattant l'encolure.

— Je l'ai achetée il y a six mois à une vieille amie, continua Lisa. Les premiers jours, Promise s'est tenue tranquille. Mais un matin, quand un palefrenier a essayé de la seller, elle s'est mise à ruer. Les choses ont empiré depuis. Il suffit de l'approcher avec une selle ou une bride pour qu'elle attaque. Elle devient comme folle...

— Elle n'était pas comme ça dans son ancien foyer ?

— Bien sûr que non. Mon amie et son petit-fils, à moitié aveugle, la montaient sans problème. Jamais elle ne faisait le moindre écart.

Laura regarda la jument.

— A-t-elle été placée dans d'autres écuries ? Savez-vous ce qu'on aurait pu lui faire ?

— On a essayé la force sur elle, mais ça n'a pas marché. On l'a renvoyée en me disant qu'elle avait un sale caractère et qu'il était impossible de la dresser.

Laura ne répondit pas. Sa mère lui avait appris qu'il n'existait pas de chevaux qu'on ne puisse dresser. La peur était souvent à l'origine des problèmes ; c'était donc ça qu'il fallait régler en priorité.

— Qu'en penses-tu ? reprit Lisa. Tu crois pouvoir faire quelque chose ?

— J'en suis sûre, affirma Laura. Mais je ne sais pas combien de jours ça me prendra.

— Prends tout le temps qu'il te faudra, mais guéris-la-moi.

— Comment ça s'est passé ? interrogea nerveusement Lou quand Scott gara la voiture dans la cour.

— Vraiment bien ! dit Laura. Et Pegasus, comment va-t-il ?

— Aucun changement. Mais il a mangé les deux carottes que je lui ai offertes.

— Tu aurais dû voir cette propriété ! Lisa Stillman possède les plus belles écuries qu'on puisse imaginer, reprit Mary, enthousiaste.

— Parle-moi surtout du cheval.

— Il arrive demain ! s'écria Laura, au comble de la joie.

Le visage de Lou s'éclaira. Elle se tourna vers Scott, et semblait à deux doigts de lui sauter au cou.

— Magnifique ! Merci, Scott !

— C'est votre sœur qu'il faut remercier. Je n'ai fait que parler de votre centre à Lisa ; c'est Laura qui a su la convaincre.

Leurs regards se croisèrent ; Lou détourna la tête. Mary et Laura échangèrent un coup d'œil amusé.

Après être retourné voir Pegasus, Scott prit congé. Mary, ne pouvant tenir plus longtemps, prit le bras de Lou et s'exclama :

— Ce type est dingue de toi !

Lou parut choquée.

— Qui ça ? Scott ?

— Qui d'autre ? gloussa Mary. Lou, il est merveilleux ! Je n'arrive pas à croire que tu ne m'aies jamais parlé de lui !

Pendant un moment, Lou ne trouva rien à répondre. Puis, elle marmonna :

— Je ne vois pas ce que j'aurais pu te dire.

— Allons, Lou ! C'est évident ! Dans la voiture, il n'a fait que parler de toi. Pas vrai, Laura ?

— Oui. Il a même demandé si tu avais revu Carl.

— Et il a semblé drôlement content quand il a su que non, souligna Mary. Hé ! Avoue qu'il ne t'est pas indifférent. Je l'ai lu dans tes yeux !

Lou éclata de rire.

— Il n'y avait rien à y lire !

— Tu crois ça ? ironisa Mary.

Lou cacha son visage entre ses mains.

— C'est possible que je l'aime bien.

Elle écarta les doigts.

— ... Vous pensez vraiment que c'est réciproque ?

Mary lui décocha une pichenette sur le nez.

— Fais-moi confiance, je suis sûre que oui.

7

Le lendemain matin, Laura se rendit auprès de Pegasus, sans se soucier des autres chevaux qui piaffaient d'impatience. Il lui sembla que le vieil étalon était en meilleure forme.

— Il faut que tu manges, hein ?

Elle lui tendit la nourriture qu'elle avait préparée à son intention. De l'orge mélangée à du jus de betteraves et un peu de mélasse.

Pegasus renifla le seau, mais ne manifesta aucune envie d'y toucher. Laura prit une poignée de la préparation.

— Mange, je t'en prie, Pegasus !

Il commença par lécher sa paume puis, poignée après poignée, le seau fut vide... au bout de vingt minutes.

Laura nourrit ensuite les autres chevaux. Ted arriva au moment où elle achevait de remplir les seaux d'eau.

— Qu'est-ce que tu fais ici, un dimanche ? s'étonna-t-elle.

— J'ai pensé que vous auriez besoin d'un coup de main pour repeindre les portes. Bonne idée, hein ?

Laura avoua que oui. Et elle lui raconta en détail leur visite à Fairfield.

Lorsqu'ils en eurent terminé avec la routine du matin, ils revinrent à la maison et trouvèrent Lou et Mary qui achevaient leur petit déjeuner.

— Comment on s'organise ? demanda Laura en ouvrant un paquet de biscuits.

— J'aimerais que vous sortiez les chevaux pendant que je vais préparer la peinture et les pinceaux, dit Lou.

— Et moi, qu'est-ce que tu veux que je fasse ? s'informa Mary.

— Tu peux aider Laura et Ted à sortir les chevaux. Dès mon retour, on commencera à repeindre les portes des box et à mettre un peu d'ordre dans l'écurie.

— Je vais rafistoler le mur de la sellerie avec des lattes de bois, proposa Ted.

— Bonne idée. On pourrait aussi remplacer quelques mangeoires, ça ne coûtera pas une fortune, ajouta Lou.

— Et qu'est-ce que tu dirais d'accrocher quelques corbeilles de fleurs sur les murs de l'écurie ? renchérit Mary.

Laura jubilait. Voilà le genre de changements qui lui plaisait !

— Je vais appeler Soraya et Matt. Je suis sûre qu'ils seront ravis de nous aider ! lança-t-elle, excitée.

À l'heure du déjeuner, Heartland était en pleine effervescence.

Laura et Soraya étaient chargées de repeindre les portes des box, Lou et Matt, de passer une couche de créosote, contre les parasites, sur celles des deux granges. Ted avait vidé la sellerie et le fond de l'écurie, en particulier le coin où l'on entassait le matériel et la nourriture des chevaux. Mary peignait en rouge les bacs à fleurs.

Le pinceau à la main, Laura fit un pas en arrière pour admirer son travail.

— Pas vilain, hein ?

— C'est devenu méconnaissable, ici ! s'exclama Soraya.

Puis elle se mit à rire en regardant le jean, le T-shirt et les cheveux de son amie barbouillés de peinture blanche.

— Tu vas avoir du mal à enlever les taches !

— Ça m'est égal.

— Parle-moi de Fairfield. C'est aussi super qu'on le raconte ?

— Grand style, répondit Laura. Les palefreniers portent tous un uniforme vert, et si tu avais vu les écuries... Waouh !

— Lisa Stillman en personne va t'amener Promise ?

— Elle n'a rien précisé.

Laura savait seulement que Promise serait là vers quatre heures et qu'il fallait impérativement que tout soit fini avant.

— Elle est vraiment agressive, sa jument ? reprit Soraya.

— Seulement quand on la monte. Je suis sûre que quelque chose l'a effrayée dans le passé...

À quatre heures, tout était terminé. La sellerie avait été soigneusement rangée et la cour entièrement balayée.

— Il ne nous reste plus qu'à bien les entretenir, déclara Lou avec un soupir de soulagement.

— Aucune chance, avec Laura dans les parages ! lança Matt, taquin.

— Hé, toi ! protesta Laura en lui donnant une bourrade.

Ils furent interrompus par l'arrivée d'un véhicule tirant un superbe van d'un vert étincelant.

— Voilà Promise ! s'écria Laura.

Une minute plus tard, un adolescent blond et plutôt séduisant s'avançait vers eux, surpris de voir tout ce monde rassemblé dans la cour.

— Salut ! lança-t-il.

— Salut ! répondit Laura, un peu déçue.

Elle aurait préféré voir Lisa Stillman.

— Je suis Laura, dit-elle en s'avançant.

Le garçon sourit.

— Content de te connaître, Laura. Moi, c'est John Stillman, le neveu de Lisa. Je t'amène Promise.

Laura lui tendit la main et procéda aux présentations. Puis, prenant soudain conscience de leur allure, elle ajouta naïvement, comme si ça ne se voyait pas :

— Nous étions en train de repeindre.

— Je crois que je l'avais deviné, gloussa John.

Il se dirigea vers le van.

— Je peux faire descendre Promise ?

— Oui, bien sûr.

— Tu veux un coup de main ? demanda Ted.

— Oui, merci.

— Il est drôlement mignon, chuchota Soraya à l'oreille de Laura, pendant que John et Ted déverrouillaient la rampe.

— Possible, répondit Laura.

— Très mignon ! insista Soraya.

Laura retint son souffle quand Promise apparut, et elle oublia John. La tête haute, les naseaux frémissants, la jument descendit gracieusement la rampe. On aurait dit une danseuse.

— Elle est magnifique... bredouilla Laura en regardant Ted.

Il acquiesça. La jument hennit et piaffa.

— Tout doux, dit John en flattant son encolure. Je la conduis où ?

Laura lui désigna un box vide. Promise le suivit en caracolant.

— Elle a du tempérament ! s'exclama Ted.

— Comme la plupart des chevaux arabes, précisa John en détachant la longe. Tant qu'on ne lui montre ni bride ni selle, elle est sympa.

Installée dans son box, Promise s'empressa de sortir la tête par-dessus la porte.

Laura caressa son chanfrein soyeux.

— J'espère que vous pourrez faire quelque chose pour elle, vous êtes notre dernier espoir, avoua John.

Laura ne répondit pas. Elle était certaine de réussir.

Une fois John reparti, Ted proposa à Soraya et à Matt de les raccompagner en voiture.

— Merci à tous ! cria Laura, et à demain, Ted !

— Je crois que je vais aller prendre un

bain et me changer, déclara Mary en jetant un coup d'œil sur son jean.

— Moi aussi, dit Lou. À moins que tu n'aies besoin de moi pour nourrir les chevaux, Laura ?

— Non, ça ira.

— Dans ce cas, j'y vais et je m'occupe du dîner, conclut Lou. Tu viens, Mary ?

Les filles s'éloignèrent. Laura resta seule dans la cour pour profiter de cet instant de calme. La journée avait été merveilleuse.

Elle s'approcha de Promise qui s'était retirée au fond du box. En entendant Laura, la jument se retourna.

— Bonjour, toi, murmura Laura en pénétrant dans la stalle.

Promise tourna la tête, puis continua à manger. Laura l'observa. Sa mère disait toujours que la personnalité d'un cheval se voyait à ses yeux, la forme de sa tête, la sensibilité de ses oreilles, le port de son encolure. Aucun doute, cette jument était intelligente, vive, fière. Elle serait merveilleuse à monter. Une chose était sûre aussi : elle n'avait pas un caractère agressif. Il ne serait pas difficile de découvrir les raisons de sa phobie.

— On ne va pas se battre, tu sais, souffla Laura. Je ne te ferai jamais de mal.

En quittant le box, Laura éprouva ce sentiment qu'elle connaissait si bien : le désir de relever un défi. Promise se laisserait monter. Heartland retrouverait sa réputation. Si elle réussissait à guérir sa jument, Lisa Stillman leur enverrait d'autres clients, et la vie reprendrait un cours plus paisible pour Lou et pour elle.

Laura commença à remplir les mangeoires. Brusquement, sa bonne humeur tomba. Que devenait le vieux cheval gris qu'elle aimait tant ?

Elle acheva de nourrir les chevaux et rejoignit Pegasus. Il se tenait tranquillement dans son box, la tête baissée, le regard triste.

— Ça va, mon bonhomme ?

En entendant sa voix, il redressa légèrement la tête.

— Je t'apporte un super-dîner !

Pegasus regarda le seau, sa bouche effleura distraitement les bords de métal, puis il laissa retomber sa tête et fixa à nouveau la paille.

— Allons, mange. Il faut manger, insista-t-elle en promenant le seau sous son nez.

Pegasus effleura sa main, prit quelques flocons d'avoine, comme pour lui faire plaisir. Laura se sentit un peu réconfortée.

Elle posa un baiser sur le front du poney et continua à le nourrir comme un enfant. Quand il eut avalé la dernière poignée d'avoine, elle lui massa doucement le chanfrein. Il ferma les yeux et posa sa tête sur le rebord de la demi-porte.

— Tu aimes ça, hein ?

Elle sentit sa gorge se serrer en songeant à sa mère. Que de fois elle l'avait vue agir ainsi pour apaiser et détendre les chevaux ! Toutes les heures passées avec elle défilèrent devant ses yeux. Était-il possible qu'elle ne revive jamais ces instants magiques ?

Soudain, quelque chose d'étrange se produisit. Tous les muscles tendus, Pegasus leva la tête et scruta la cour, les naseaux frémissants.

— Qu'est-ce qu'il y a ? demanda-t-elle en suivant son regard.

Tout à coup, son cœur bondit dans sa poitrine. Là, au milieu de la cour plongée dans l'ombre, les mains dans les poches de sa veste, se tenait... sa mère.

— Maman ?... chuchota Laura.

Comment était-ce possible ? Glacée, elle regarda la fine silhouette s'avancer vers elle.

— Laura ?

Incrédule, elle ferma les yeux. Quand elle les rouvrit, Mary se tenait devant elle. Ses cheveux étaient rassemblés en arrière, et elle portait la vieille veste de Marion.

— Ça va ? s'exclama Mary en dévisageant la jeune fille.

Puis, en suivant le regard de Laura posé sur sa veste, elle ajouta, brusquement confuse :

— Lou m'a dit que je pouvais la mettre... Ça te bouleverse, hein ? Je suis désolée.

Il fallut du temps à Laura pour recouvrer ses esprits. Ses yeux se remplirent de larmes. Pendant un moment, elle avait vraiment eu une hallucination.

— ... Oui, j'ai cru que c'était maman, balbutia-t-elle.

Mary la prit dans ses bras.

— Tout va bien... tout va bien, dit-elle doucement.

— Dans l'obscurité, tu lui ressemblais vraiment, avoua Laura.

Un long hennissement résonna derrière les filles. Laura se retourna. Les oreilles dressées, Pegasus se mit à secouer violemment la tête en regardant Mary.

— Tu crois que lui aussi... commença Mary.

Laura oublia son propre désarroi devant l'agitation de Pegasus, qui essayait de pousser la porte de son box.

— Il a reconnu l'odeur de la veste, murmura-t-elle.

Mary s'avança doucement vers lui. Le souffle court, Pegasus tendit le cou, renifla la veste et hennit à nouveau.

— Je crois que tu as raison, Laura.

— Oui, et le voilà à nouveau heureux, déclara Laura, pensive.

Le regard du vieux cheval avait repris vie, il piaffait. Qu'importait, après tout, de savoir qui portait la veste de Marion ? L'essentiel était que Pegasus ait retrouvé l'envie de vivre.

Cette nuit-là, Laura eut du mal à s'endormir. Elle voyait encore l'image de sa mère traversant la cour. Elle reprit espoir : ce choc émotionnel rendrait peut-être à Pegasus son appétit et sa santé ?

Le lendemain matin, elle se précipita dans l'écurie. Bien que le regard de Pegasus soit plus brillant, il ne montra guère d'enthousiasme devant la nourriture.

Le cœur de Laura se serra. Elle eut beau lui tendre des poignées d'orge et d'avoine, il ne fit que les renifler et les laissa tomber dans la paille.

Laura finit par capituler. Il était l'heure de se préparer pour le collège.

— Ted, tu peux jeter un œil sur Pegasus ? lui demanda-t-elle avant de partir. Je pense qu'il aura peut-être faim un peu plus tard.

— Compte sur moi et passe une bonne journée.

— Oui, soupira-t-elle en jetant son sac à dos en travers de son épaule.

Alors qu'elle se dirigeait vers sa classe, Laura croisa Angela dans le couloir. Elle essaya de l'ignorer, mais Angela se planta devant elle, les bras croisés sur la poitrine.

— C'est quoi, cette rumeur ? Lisa Stillman vous aurait confié un cheval ? Ce n'est pas vrai, hein ?

— Si. Qu'est-ce que ça peut te faire, de toute façon ?

Angela écarquilla ses yeux verts.

— Lisa Stillman a dû perdre la tête ! Elle n'a que des chevaux de prix !

— Elle a tout simplement appris qu'à Heartland on sait guérir les chevaux ! On ne peut pas en dire autant de Yellow Sun, vu votre échec avec Promise ! répliqua Laura, furieuse.

Angela haussa les sourcils, moqueuse.

— Ah, voilà ! Maintenant, je comprends !

— Tu comprends quoi ?

— Tout le monde sait que Promise est un cas perdu d'avance ! Maman a tout essayé avec elle ! Cette jument mérite seulement une balle dans la tête !

— Tu es complètement dingue !

— Parce que toi, tu imagines que tu vas en venir à bout ?

— Absolument !

— Tu rêves, ma pauvre fille !

Laura la bouscula et s'éloigna.

— Tu n'y arriveras jamais ! Tu n'as aucune expérience ! cria Angela.

Qu'elle aille au diable ! pensa Laura.

Sitôt de retour à la maison, Laura alla trouver Ted qui nettoyait les brides dans la sellerie.

— Comment va Pegasus ?

— Aucun changement... Tu espérais vraiment du nouveau ?

Laura lui raconta l'incident de la veille.

— Je pensais que ça l'aiderait à retrouver l'appétit.

Ted resta silencieux un instant, puis changea de sujet :

— Tu vas faire travailler Promise, cet après-midi ?

— Oui, j'ai l'intention de gagner sa confiance d'abord et ensuite de voir comment elle réagit devant une selle. Qu'est-ce que tu en penses ?

— Ça me semble bien. Je viendrai avec toi, si tu veux.

— J'aimerais bien, merci, Ted !

Vingt minutes plus tard, Laura conduisit Promise au manège. Ted la suivit à distance respectueuse avec la selle et la bride. Après avoir refermé la barrière, elle décrocha la longe. Se sentant libre, la jument se mit à galoper autour de la piste avant de s'arrêter à quelques pas de Laura. La jeune fille en déduisit que Promise était déjà dressée. Elle garda la longe à la main et fit claquer sa langue. Promise hennit vigoureusement et repartit au petit galop. Après quelques tours, Laura se mit de profil pour la faire changer de sens. Immédiatement, la jument s'arrêta et repartit dans la direction inverse. Laura l'observa. Lorsqu'elle la vit pointer les oreilles en arrière, puis baisser la tête et ouvrir la bouche comme pour mâcher, elle comprit que la jument souhaitait s'arrêter.

Laura se plaça au centre et lui tourna le dos. Au bout d'un moment, elle entendit la jument s'approcher. Puis elle sentit l'haleine chaude de Promise sur son cou. Le lien était établi.

Elle se retourna lentement pour ne pas l'effrayer car elle savait que, pour le cheval, l'homme est un prédateur. Après avoir caressé la petite jument entre les yeux, elle s'éloigna, lui offrant ainsi le choix de la suivre ou non.

Elle attendit. Promise marqua une légère hésitation avant de s'approcher. Laura fit ainsi plusieurs tours de manège, en changeant de direction, la jument sur ses talons en signe de soumission.

— Elle est hyper-intelligente ! Je n'ai jamais vu un cheval réagir si vite ! s'exclama Ted qui les observait derrière la barrière.

— Ça ne m'étonne pas du tout, dit Laura, émue.

Après lui avoir flatté l'encolure, elle fit signe à Ted d'apporter la selle, convaincue que désormais Promise lui accorderait sa confiance.

La réaction fut tout autre ! Dès qu'elle aperçut l'objet maudit, Promise se cabra. Ses sabots battirent l'air, et Laura n'eut que le temps de bondir en arrière. Sans se décourager pour autant, elle s'approcha de la jument.

— Tout doux... tout doux...

Les yeux de Promise lancèrent des éclairs, mais elle se laissa approcher.

À son grand soulagement, Laura vit Ted ramasser la selle et la sortir du manège.

— Je ne pensais pas qu'elle réagirait aussi brutalement, grommela-t-il.

— Moi non plus, avoua Laura, décontenancée.

Pourquoi donc la vue d'une selle provoquait-elle une réaction si violente ?

Patiemment, Laura recommença à faire trotter la jument autour du manège pour rétablir le lien de confiance. Elle y parvint après deux tours de piste.

Hélas, quand Ted revint avec la selle, Promise se mit à ruer. Ted battit en retraite.

— Je n'y comprends vraiment rien, se lamenta Laura.

— C'est peut-être un problème physique. Il est possible que la selle la blesse.

— Scott l'a auscultée, et il n'a rien remarqué de spécial. Je pense qu'il s'agit plutôt d'un blocage psychologique, mais que peut-on faire ?

— Laisser une vieille selle dans son box, suggéra Ted. Avec le temps, elle finira par s'y habituer.

— Pourquoi pas ? Si nous commençons dès ce soir, on pourra peut-être tenter une nouvelle expérience demain ?

— On devrait aussi ajouter un peu de poudre de valériane dans sa nourriture, histoire de la détendre.

Laura conduisit Promise vers la barrière.

— C'est bizarre, elle n'est pas peureuse. On dirait au contraire que tout lui inspire confiance.

— Tu sais, les chevaux sont comme les

humains, ils éprouvent des peurs irrationnelles, dit Ted.

Laura hocha la tête. Lorsque la jument avait rué, elle avait vu de la colère dans son regard, mais aucun signe d'effroi.

Le soir, avant de rentrer à la maison, Laura veilla à apporter une vieille selle dans le box de Promise. Lorsqu'elle entra, la jument recula et secoua violemment la tête.

— Tout doux, dit Laura en déposant la selle dans un coin du box. Je n'ai pas l'intention de te la mettre sur le dos.

À sa grande surprise, Promise se dirigea vers la selle et la renifla avec curiosité. Puis, elle se tourna vers sa mangeoire, sans s'en soucier davantage.

« Bizarre », pensa Laura. Habituellement, il fallait du temps avant qu'un cheval s'habitue aux objets qui l'effrayaient. La valériane n'avait pu déjà faire son effet. Alors, comment expliquer ce changement subit ? Ce n'était pas normal.

Lou et Mary discutaient devant la table de la cuisine lorsque Laura entra. Elles avaient un visage grave.

Mary lui adressa un sourire et les deux filles se plongèrent à nouveau dans les papiers qui jonchaient la table.

— Il y a sûrement quelque chose à faire, maugréa Lou.

— De quoi vous parlez ? s'informa Laura.

Lou rassembla les papiers.

— De rien.

— Mais enfin, qu'est-ce qui se passe ?

— Lou, il vaudrait mieux lui dire, soupira Mary.

— Me dire quoi ?

— C'est bon, Laura. Il s'agit de problèmes d'argent.

— Oh ! dit Laura, désinvolte.

Les problèmes financiers n'étaient pas nouveaux. Elle se mit à grignoter un cookie machinalement.

— Ça n'a pas l'air de t'inquiéter, remarqua Lou, étonnée.

Laura haussa les épaules.

— Nous avons toujours eu des problèmes financiers. Ça s'arrangera, comme toujours.

— Laura ! Sois un peu réaliste ! s'écria Lou. La situation n'a jamais été aussi préoccupante ! On reçoit des factures qu'on ne peut pas payer ! Tout le monde refuse de nous faire crédit !

— Oui, mais nous avons Promise ! protesta Laura.

— Laura, comment veux-tu qu'on puisse gérer une écurie avec un seul cheval ?

— Alors, qu'est-ce que tu proposes ? Qu'on baisse les bras ?

La réponse de Lou tomba comme un couperet.

— Nous serons forcées de le faire !

Laura eut l'impression que son cœur cessait de battre.

— Qu'est-ce que tu racontes ?

— Je ne voulais pas t'en parler, gémit Lou en se prenant la tête à deux mains. Je sais que tu t'inquiètes pour Pegasus et aussi que tu es heureuse que Promise soit là... Mais, si on ne trouve pas d'autres clients, Heartland ne pourra pas survivre.

— Non ! se récria Laura. Pas question de baisser les bras !

Le silence retomba.

— Écoute, dit Mary au bout d'un moment, j'ai étudié la comptabilité, et Lou a raison. La situation est critique.

— C'est pas vrai... C'est pas possible... Il reste les brochures, la publicité...

Lou se leva et s'approcha de sa sœur.

— Ça ne servira à rien. En vérité, il faudrait que tout s'arrange, et rapidement, sinon nous devrons fermer Heartland.

9

« Fermer Heartland... » Ces sinistres paroles tinrent Laura éveillée une partie de la nuit. À cinq heures et demie du matin, elle était debout. Elle enfila son jean et sortit de la maison.

Le petit jour se levait à peine, les oiseaux commençaient à chanter dans les arbres. Désespérée, Laura se dirigea vers l'écurie, prit une selle, la déposa près du manège, puis revint chercher Promise. Elle devait guérir la jument le plus vite possible, afin que Lisa Stillman leur confie d'autres chevaux.

Elle procéda comme la veille. Quand elle jugea que la jument était prête, elle alla chercher la selle. Mais dès la barrière franchie, la jument se mit à piaffer et à ruer. Laura capitula et ramena Promise dans son box.

Avant de nourrir les chevaux, elle passa voir Pegasus. Elle le trouva allongé sur la paille, respirant avec difficulté.

— Pegasus ? appela-t-elle, affolée.

Pegasus se redressa. Il tremblait sur ses jambes et il était si maigre que l'on pouvait compter ses côtes.

Laura posa la tête contre les flancs de l'animal et pleura.

— Laura ?

Ted venait d'arriver. Il la regarda, inquiet.

— Qu'est-ce qu'il y a ?

Laura essuya ses larmes.

— J'ai tout essayé, mais Pegasus ne va pas mieux. Qu'est-ce qu'on pourrait faire ?

— Je ne sais pas.

— Enfin, il doit bien y avoir un moyen ! Maman aurait trouvé !

Ted hocha la tête.

— Si seulement elle était encore là...

Écoute, reste près de lui, je me charge de nourrir les chevaux.

Laura le regarda s'éloigner en essayant de se calmer.

Tandis qu'elle remontait la piste pour gagner l'arrêt du car scolaire, des pensées lugubres se bousculaient dans la tête de Laura. Pegasus. Promise. L'avenir de Heartland. Dans le car, elle adressa à peine la parole à Soraya et à Matt. Ils n'insistèrent pas et échangèrent des regards inquiets.

— Je vous verrai plus tard, je... je dois aller consulter la liste de l'équipe de foot, lança Matt quand ils arrivèrent.

— Maintenant, raconte, qu'est-ce qui se passe ? demanda Soraya alors qu'elles se dirigeaient vers les vestiaires.

Ne sachant par où commencer, Laura ne répondit pas.

— C'est Pegasus ? insista son amie.

— Entre autres...

— Oh, Laura... je te comprends.

— Je ne sais plus quoi faire pour lui rendre la santé.

— Ça n'a rien de surprenant ! lança Angela en entrant avec Karen.

Laura se retourna, toutes griffes dehors.

— On dirait que tu as des problèmes ? continua Angela. Si tu n'arrives même pas à guérir ton propre cheval, je ne vois pas comment tu pourrais soigner ceux des autres !

— Lâche-nous les baskets, tu veux ? intervint sèchement Soraya. Allons, viens, Laura, laisse-la.

Les deux filles s'éloignèrent.

— Quand est-ce que tu regarderas la vérité en face ? cria Angela dans leur dos. Ta sœur et toi vous n'arriverez jamais à gérer Heartland sans votre mère !

Laura se raidit. Il n'y avait rien à répondre. Ces paroles étaient peut-être justes. Pour la première fois de sa vie, elle commença à douter d'elle-même, de ses capacités : elle en fut bouleversée.

Laura rentra du collège complètement déprimée. Elle ne ressentait plus ce bonheur qu'elle éprouvait chaque fois qu'elle remontait la piste. Au bout, trop de problèmes l'attendaient.

À sa grande surprise, elle fut accueillie par sa sœur qui, les yeux pétillants, lui lança joyeusement :

— Laura ! On t'attendait avec impatience ! Je crois bien que Mary a une idée géniale !

— Encore une ?

Mary, appuyée contre l'évier, arborait une expression non moins excitée.

— Oui ! Un moyen d'attirer de nouveaux clients à Heartland.

— Lequel ? demanda Laura, reprenant espoir.

— Organiser une journée portes ouvertes, enchaîna Lou. On ne laissera pas seulement les gens visiter les écuries, on leur montrera aussi comment on travaille. Tu pourrais faire une démonstration de la façon dont tu gagnes la confiance d'un cheval. Ted expliquerait les traitements que nous appliquons avec les herbes et les huiles aromatiques...

— Pas question ! l'interrompit Laura.

Lou la dévisagea, étonnée.

— Pourquoi donc ? La plupart d'entre eux ignorent comment tu t'y prends pour établir une relation de confiance avec les chevaux ! C'est une expérience magique !

Laura hocha désespérément la tête. Après ce qu'Angela lui avait balancé à la figure aujourd'hui, elle ne voulait surtout pas recevoir du monde à Heartland.

Qu'est-ce qu'elle répondrait si on l'interrogeait sur Promise ? Pire, que penseraient les invités s'ils découvraient Pegasus dans cet état ? Qui voudrait envoyer des chevaux chez des gens qui ne savent pas guérir les leurs ?

— Mais enfin, Laura, insista Lou, cela pourrait résoudre nos problèmes !

— Lou a raison, affirma Mary. Te voir travailler avec les chevaux pourrait les inciter à te confier les leurs.

— Je ne le ferai pas, déclara Laura, butée.

— Mais... commença Lou.

— C'est non !

Cette fois, Lou explosa :

— Pour l'amour du Ciel, Laura, essaie de grandir un peu ! Tu te rends compte que c'est notre dernière chance ?

— Je ne le ferai pas, Lou ! Ce n'est pas la peine d'insister ! rugit Laura.

Elle laissa tomber son sac à dos par terre, sortit et courut jusqu'au box de Pegasus.

— Oh... Pegasus, sanglota-t-elle en jetant ses bras autour du cou du vieux cheval. Qu'est-ce qu'on va devenir ?

Quelques minutes plus tard, elle entendit un bruit de pas derrière elle.

— Laura...

Elle se retourna. Mary se tenait sur le seuil.

Pegasus hennit doucement. Depuis le soir où elle avait porté la veste de Marion Fleming, il semblait s'être attaché à elle. Elle entra et il la renifla.

— Alors, grand garçon, dit-elle en le caressant.

Laura ravala ses larmes.

— Lou est bouleversée, reprit Mary. La journée portes ouvertes était une bonne idée... Pourquoi tu refuses ?

Laura regarda Pegasus, sa maigreur, sa robe terne, son regard éteint.

— Comment veux-tu qu'on fasse venir des gens ici ? Ils verront que j'ai été incapable de guérir mon propre cheval... La vérité, c'est que je suis nulle !

Mary écarquilla les yeux.

— Qu'est-ce que tu racontes ? Lou m'a parlé de tous les chevaux que tu as soignés. Le petit shetland, l'étalon de Nick Halliwell, le cheval blessé lors de l'accident de ta mère...

— Mais je ne suis pas maman ! Elle aurait su comment guérir Pegasus ! Et comment s'occuper de Promise !

— Ta mère avait des années d'expérience. Tu crois qu'elle était différente de toi quand elle a commencé ? Quant à Pegasus, qui te dit que ta maman aurait été capable de le guérir ?

Laura se mordit la lèvre.

— Laura, reprit doucement Mary, ne sois pas si sévère avec toi-même. Tu n'es pas ta mère, et tout ce que tu peux faire, c'est suivre ta propre intuition.

— C'est ce que maman me disait, souffla-t-elle.

— Alors, fais-le ! Heartland peut redevenir florissant ! Mets-toi d'accord avec ta sœur. Unissez vos talents ! Tu es merveilleuse avec les chevaux et Lou sait comment gérer une entreprise.

Laura fit un effort pour voir les choses autrement. Elle prit une profonde inspiration.

— Je... je vais y penser...

Mary sourit.

— Bien. Je crois vraiment que ça peut marcher. N'oublie jamais ce que ta mère t'a dit, suis ton instinct, conseilla-t-elle en lui pressant gentiment l'épaule.

Laura la regarda s'éloigner. Mary avait peut-être raison. Laura s'était tellement demandé ce que sa mère aurait fait en pareille circonstance qu'elle n'avait pas suivi sa propre intuition. Elle avait surtout oublié la règle d'or de sa mère : « Sois à l'écoute du cheval. »

10

Ce soir-là, après avoir effectué les travaux d'écurie, et une fois Ted parti, Laura conduisit Promise dans le manège. Elle la fit à nouveau travailler, puis ramassa la selle posée à l'extérieur et s'avança vers la jument. Promise recula et hennit.

Laura rapporta la selle derrière la barrière. Elle revint ensuite et étudia le regard de la jument. Il n'y avait aucune trace de peur dans ses yeux ; on y lisait plutôt du ressentiment.

Pourquoi ? Elle songea à tout ce qu'on lui avait rapporté sur Promise. Elle se souvint des détails que lui avait fournis Lisa Stillman sur l'existence qu'avait menée la jument avant d'arriver à Fairfield.

Soudain, il y eut un déclic. Comment ne pas y avoir pensé plus tôt ?

Elle conduisit Promise dans le paddock et revint à la maison. À son grand soulagement, Lou et Mary se trouvaient au premier étage, ce qui lui permit d'appeler tranquillement Scott pour obtenir un renseignement. Ensuite, elle composa le numéro qu'il venait de lui donner.

— Ici Laurence Chomel, entendit-elle au bout du fil.

— Bonjour, je suis Laura Fleming. Je tente de guérir une jument que Lisa Stillman m'a confiée, Promise, et je me demandais si vous pourriez me fournir quelques détails sur son passé.

— Promise ? répéta Mme Chomel, dont la voix se radoucit aussitôt. Que voulez-vous savoir ?

Laura lui décrivit l'aversion de la jument pour les selles.

— En effet, j'ai entendu dire que Lisa avait eu des difficultés à la monter, répondit Mme Chomel. J'en suis navrée, car Promise était parfaite avec nous. Lisa vous a-t-elle précisé que mon petit-fils la montait régulièrement ? Il est aveugle ; avec lui elle se montrait douce comme un agneau.

— Oui, on me l'a mentionné. Comment se comportait Promise ?

— Merveilleusement. Nous lui faisions confiance. Elle était les yeux de mon petit-fils. Il la montait à cru. Et je n'ai jamais connu un cheval aussi intelligent. Toutefois, quand nous voulions lui faire faire quelque chose de spécial, nous prenions toujours soin d'obtenir son accord.

Son accord ! Voilà l'information qui lui manquait ! Ses doigts se crispèrent nerveusement sur le combiné. Maintenant, elle savait enfin à quoi s'en tenir.

— ... Promise est vraiment une perle, je n'arrive pas à croire que Lisa ait rencontré ce genre de problèmes. Les chevaux sont pourtant bien traités à Fairfield ! Je n'y comprends rien.

Laura remercia son interlocutrice et raccrocha. Elle, elle comprenait ! Bien sûr, à Fairfield, les chevaux étaient bien traités, mais traités comme des chevaux. Et ce n'était pas ce à quoi Promise avait été habituée avec les Chomel.

Laura courut jusqu'au paddock. Promise broutait dans la lumière tamisée de la fin de journée. Lorsqu'elle entendit Laura ouvrir la barrière, la jument s'avança, les oreilles dressées. Laura lui flatta l'encolure. Promise avait été élevée de façon privilégiée. Un autre cheval aurait accepté la discipline de Fairfield, mais Promise, elle, s'était sentie agressée. Si bien que plus on avait insisté, plus elle s'était rebellée. Les chevaux arabes sont fiers et ont une forte personnalité. Promise n'était pas du genre à se soumettre aveuglément.

— Tu as dû me trouver dure avec toi, murmura-t-elle. C'est pourquoi tu as réagi ainsi, hein ?

Penser comme un cheval et non comme un être humain s'imposait : Laura devait adopter le point de vue de Promise pour comprendre son rejet de la selle.

Maintenant, il était clair qu'avoir sa confiance n'était pas suffisant. Laura devait aussi lui prouver qu'elle serait écoutée et respectée.

« Comment vais-je m'y prendre ? » songea Laura.

Elle réfléchit un instant puis, soudain, elle eut une idée. Elle attacha la longe au licol et appuya ses mains sur le dos de la jument.

Promise se tourna et la regarda.

— Est-ce que je peux ? demanda Laura.

La jument releva la tête. Laura prit une profonde inspiration, agrippa la longue crinière de Promise et l'enfourcha à cru, le cœur battant.

Promise ne broncha pas. Laura se détendit.

— Allons-y, dit-elle en pressant les flancs du cheval.

La jument obtempéra. Docile, elle se laissa guider, calme, heureuse. Après quelques pas, Laura la laissa trotter. Puis, n'y tenant plus, elle la lança au galop. Un vrai délice. Laura sentait la puissance de ses muscles, la souplesse de son corps.

— Plus vite ! murmura-t-elle, ravie.

On aurait dit que Promise n'attendait que ça. Elle hennit joyeusement et allongea son galop. Penchée sur son encolure, Laura la laissa se défouler avant de la mettre au trot, puis au pas.

Elle se baissa pour poser un baiser sur la tête de la jument. Il y avait longtemps que Laura ne s'était pas sentie aussi bien.

— Et maintenant, si on parlait de la selle ? dit-elle en mettant pied à terre.

Laura partit la chercher. Quand elle revint, elle s'avança vers la barrière sans quitter des yeux la jument. Promise se retourna, regarda la jeune cavalière, et resta immobile.

— Est-ce que je peux ? demanda-t-elle en lui présentant la selle.

Promise hennit, mais ne bougea pas.

Retenant son souffle, Laura la posa doucement sur le dos de la jument. Promise la laissa faire. Laura la sangla, les doigts tremblants. Puis elle lui enfila la bride et... rien ne se passa.

— On y va ! souffla-t-elle en glissant son pied dans l'étrier.

Après plusieurs tours dans le pré, Laura la ramena à la barrière. Le jour était tombé, mais Laura s'en aperçut à peine tant elle exultait.

Promise lui avait accordé la permission de la seller et de la monter !

Bien sûr, le travail de Laura n'était pas terminé. Il faudrait maintenant l'habituer à être montée par d'autres cavaliers. Mais désormais, la brèche était ouverte.

11

Excitée par ses succès de la veille, Laura se leva de nouveau à l'aube pour faire travailler Promise. Elle n'avait encore rien dit à Lou ni à Mary.

Les yeux brillants, la jument hennit doucement en la voyant arriver. Laura bondit de joie. C'était gagné ! Avant de sortir Promise, elle alla jeter un coup d'œil sur Pegasus. Et là, son cœur s'arrêta de battre.

Pegasus était allongé sur le flanc. Il ne bougeait pas. Pendant un moment, Laura le crut mort.

— Pegasus...

Le vieux cheval souleva péniblement la tête, et la laissa retomber ensuite en poussant un faible hennissement.

Laura hésita puis courut jusqu'à la maison.

— Lou ! Viens vite !

Sa sœur descendit, les yeux gonflés de sommeil, les cheveux emmêlés.

— Qu'est-ce qui se passe, Laura ? Il n'est même pas six heures.

— C'est Pegasus ! Il est effondré dans son box et il n'arrive pas à se redresser.

— J'appelle Scott. Toi, retourne dans le box, j'arrive !

Pegasus était toujours dans la même position quand Laura revint le voir. Elle s'agenouilla près de lui ; il leva légèrement la tête et poussa un soupir satisfait. Laura se pencha et posa un baiser sur ses oreilles.

— Ça va aller, Pegasus, ça va aller.

Elle répéta ces mots, encore et encore, en essayant d'y croire. Mais, au fond d'elle-même, elle savait qu'elle se cachait la vérité. Pegasus était au bout du chemin.

— Lou vient de parler à Scott, dit Mary qui surgit dans l'écurie. Il arrive.

Au son de sa voix, Pegasus tressaillit et, pendant une seconde, ses yeux étincelèrent.

— Laura, je peux faire quelque chose ? demanda Mary.

— Je ne crois pas, balbutia-t-elle, au bord des larmes.

Pegasus respirait avec difficulté, les paupières à demi closes. L'étincelle qui venait d'animer son regard s'était éteinte. Laura se tourna vers Mary.

— La veste...

— Quelle veste ?... Oh, tu veux parler de celle de ta mère ?

— Oui, elle est où ?

— Dans ma chambre.

— Tu veux bien aller la chercher, Mary ? Ça pourrait l'aider.

— J'y vais.

Lou entra à son tour dans le box et s'agenouilla près du vieux cheval.

— Scott sera là d'une minute à l'autre... Alors, mon garçon, chuchota-t-elle tendrement.

Quand Mary revint, Laura posa la veste sur ses genoux et attira doucement vers elle la tête de Pegasus. Il poussa un soupir de bonheur et renifla le tissu qui lui rappelait les jours heureux. Puis il se laissa aller, épuisé.

— Non, Pegasus, ne meurs pas, je t'en prie ! gémit Laura.

Lou entoura les épaules de sa sœur.

— Laura... Il est vieux... Son cœur est fatigué... Laisse-le partir.

Scott entra à cet instant. Un regard lui suffit pour évaluer la situation.

— On ne peut vraiment plus rien faire ? s'écria Laura, désespérée.

Scott hocha la tête.

— Non, Laura, aucune médecine au monde ne peut l'aider, désormais.

— J'aurais dû t'appeler plus tôt !

— Ça n'aurait rien changé.

Il s'accroupit auprès de Pegasus et palpa sa poitrine.

— Tu vois ces boules ? Je crois qu'il s'agit de tumeurs.

— Un cancer ?

Scott inclina la tête.

— J'y ai songé la dernière fois que je l'ai vu. Tu n'as aucun reproche à te faire, nous n'aurions pas pu le guérir, Laura.

Il marqua une pause.

— Nous ne devons pas le laisser souffrir, ajouta-t-il.

Le chagrin laissa Laura sans voix. Elle aurait tant voulu prolonger les derniers instants de Pegasus. Mais Scott avait raison, le cheval souffrait trop.

— Laura ? insista-t-il.

Elle leva les yeux vers lui. La décision lui revenait. Elle devait laisser partir ce vieil ami qu'elle aimait tant. Laura acquiesça d'un signe de tête.

Scott ouvrit sa sacoche.

— Ça ne prendra pas longtemps, il ne sentira rien, je te le promets.

Laura se pencha sur Pegasus pour la dernière fois.

— Je t'aime, Pegasus, et je t'aimerai toujours, chuchota-t-elle, le visage baigné de larmes... Je fais ça pour toi, Pegasus.

Elle posa un baiser sur le chanfrein soyeux du cheval pendant que Scott lui faisait l'injection.

Quelques secondes s'écoulèrent, et Pegasus cessa de respirer.

— Il est mort, annonça doucement Scott.

Le regard fixe, Laura n'arrivait toujours pas à y croire.

— Tu as fait le bon choix, Laura, dit Lou en la prenant dans ses bras. Maintenant, Pegasus est avec maman pour toujours.

Ce fut à cet instant que Laura comprit combien elle avait besoin de sa sœur.

— Oh ! Lou, sanglota-t-elle, c'est si bon que tu sois là !

— Je le serai toujours, répondit Lou avec ferveur. Comme tu seras toujours là pour moi. Nous avons besoin l'une de l'autre.

Bien que le moment fût mal choisi, Laura sentit qu'elle devait aussi prendre une autre décision, pour que Heartland ne disparaisse pas à son tour.

— Si tu y tiens, Lou, il y aura une journée portes ouvertes. Je ferai tout ce que tu me demanderas. Heartland doit survivre.

— Heartland survivra, déclara Lou. Nous y veillerons ensemble, je te le promets.

12

Ce soir-là, Laura téléphona à son grand-père pour lui apprendre la mort de Pegasus.

— Je rentre immédiatement ! s'écria-t-il.

— Non, tout va bien. Ce n'est pas nécessaire.

— Mais cela a dû être terrible, j'aurais dû être là.

— Il n'y avait pas d'autre solution, grand-père, dit-elle, la gorge serrée.

— Et... Et qu'allez-vous faire de lui ?

— Scott et Ted ont creusé une fosse dans le pré, et nous avons déjà planté un petit arbre sur sa tombe.

Elle jeta un coup d'œil par la fenêtre. La nuit était tombée et, avec la clarté de la lune, lc jeune orme se détachait sur le ciel, solitaire.

— Ne reviens pas plus tôt que prévu, grand-père, nous avons fait le nécessaire.

— Très bien, je reste donc jusqu'à dimanche, mais promets-moi de m'appeler si vous avez besoin de moi.

— C'est promis.

Lou entra dans la cuisine à cet instant.

— C'est grand-père ?

Laura inclina la tête et lui tendit l'appareil.

Tandis que Lou lui parlait de leur projet pour sauver Heartland, Laura, appuyée contre l'évier, fixait le petit arbre qui resterait à jamais celui de Pegasus. Elle avait du mal à croire que le cheval n'était plus dans son box et que, demain matin, elle n'aurait plus à le nourrir. Elle regarda le ciel. C'était ça, la vie. Elle devait l'accepter.

— Tout est arrangé, annonça Lou en raccrochant. L'opération portes ouvertes aura lieu dimanche prochain, la veille du départ de Mary. Grand-père sera rentré. Nous allons être très occupées cette semaine.

Lou avait dit vrai. Il y avait beaucoup à faire. Distribuer les tracts, planter des poteaux indicateurs sur les routes, mettre une dernière touche aux écuries pour les rendre plus accueillantes.

Mary, Soraya et Matt ne ménagèrent pas leurs efforts pour les aider. Laura découvrit combien le temps passait vite entre l'école, les préparatifs, les soins aux chevaux et les séances de travail, avec Promise. Le soir, elle s'endormait comme une masse, beaucoup trop fatiguée pour penser à quoi que ce soit.

Scott passa le jeudi. Laura balayait la cour avec Ted, pendant que Mary garnissait les corbeilles de fleurs. Lou fixait le nom des chevaux sur les portes des box.

— Salut ! lança Scott en descendant de voiture. Je suis venu voir comment vous vous en sortez.

— Bien, dit Lou en s'avançant vers lui, un tournevis à la main.

— Je m'en doutais. J'espère qu'il y aura foule.

— Moi aussi.

Ils s'arrêtèrent à quelques mètres l'un de l'autre.

— Et vous, Scott, comment ça va ? demanda Lou en rougissant légèrement.

— Bien. Vous n'auriez pas besoin d'un peu d'aide, dimanche ? Je suis à votre disposition.

— Merci, oui...

Ils se regardèrent. Se sentant observé, Scott se racla la gorge et se tourna vers Laura.

— Où tu en es avec Promise ? Elle progresse ?

— C'est clair ! intervint Ted, le menton appuyé sur le manche du balai. Elle est étonnante !

Laura sourit jusqu'aux oreilles.

— Pourquoi tu ne viendrais pas avec moi ? Tu verras bien !

Elle alla chercher le licou et conduisit Promise dans le manège, la selle et la bride sur le bras.

— Qu'est-ce que tu vas faire ? Travailler à la longe ?

Le sourire de Laura s'élargit.

— La monter.

Sous le regard ahuri de Scott, elle enfourcha à cru la petite jument qui fit plusieurs tours de piste.

— C'est super, s'exclama Scott, impressionné. Et pour la selle ?

— Oh ! Je peux la monter sellée, si tu veux, dit-elle sereinement en lui jetant un regard malicieux.

— Quoi ?!

Laura se laissa glisser à terre et prit la selle. Après l'avoir fait sentir à Promise, elle la posa sur le dos de la jument, serra la sangle, attacha la bride et glissa son pied dans l'étrier.

— Alors, qu'est-ce que tu en penses ? demanda-t-elle en dirigeant Promise vers la barrière.

— C'est un autre cheval ! Comment tu as fait ? questionna Scott, ébloui.

— Je l'ai écoutée, et je l'ai respectée.

— Tu crois qu'elle se laissera monter par d'autres ?

— Très bientôt, je crois.

La veille, Promise s'était laissé monter par Ted. Elle avait semblé un peu nerveuse quand il avait rassemblé les rênes, mais rien de plus.

— J'ai du mal à le croire ! Tu en as parlé à Lisa ?

— Je comptais l'appeler ce soir.

— Elle va être aux anges !

Puis une lueur traversa ses yeux bleus et il ajouta :

— Tu devrais demander à Lisa l'autorisation de la monter pour la journée portes ouvertes. Beaucoup de gens ont entendu parler de Promise. En voyant que tu as réussi à la guérir, personne ne pourra plus jamais contester ton talent.

Super-idée ! Lou désirait qu'elle montre comment elle gagnait la confiance d'un cheval. Pourquoi ne pas le faire avec Promise, si Lisa ne s'y opposait pas ? Cela aurait un impact sur ceux qui avaient entendu dire que la petite jument était bien jolie, mais indomptable !

... Le tout était de savoir si Lisa Stillman lui donnerait le feu vert.

Après le départ de Scott, Laura téléphona à Fairfield. Lisa Stillman parut étonnée d'apprendre que Promise pouvait être sellée et montée.

— Mais tu ne l'as que depuis une semaine, et tu me dis qu'elle est déjà guérie de sa phobie ?

— Pas complètement, mais elle est en bonne voie. J'ai pu la monter et la selle ne lui pose plus aucun problème. Il me reste à lui faire accepter les autres cavaliers.

— Quand je pense que je l'ai confiée pendant des mois à d'autres écuries sans le moindre résultat ! Quel est ton secret ?

Laura lui avoua avoir appelé Laurence Chomel pour en savoir davantage. Ce qui lui avait permis de découvrir que la petite jument n'avait pas été habituée à obéir sans qu'on lui en demande la permission.

— C'est incroyable ! s'exclama Lisa, incrédule. Je veux voir ça !

— Je vous appelais justement pour savoir si vous m'autoriseriez à monter Promise dimanche prochain, pour notre journée portes ouvertes.

— Bien sûr ! Et je ne veux pas manquer le spectacle. À quelle heure puis-je venir ?

— Onze heures, mais la démonstration aura lieu à midi.

— Très bien. Alors, à dimanche.

Quand Laura raccrocha, elle se sentit à la fois exaltée et anxieuse. Ted avait soigneusement préparé un exposé pour expliquer le bien-fondé des remèdes naturels utilisés à Heartland. Mais gagner la confiance d'un cheval était une expérience personnelle et intime. Que ressentirait-elle devant des étrangers ?

Elle refoula ces pensées négatives pour ne songer qu'à la réussite de la journée. Elle était prête à tout pour conserver Heartland. Elle en avait fait la promesse à sa mère.

Personne ne vit passer les deux derniers jours de préparatifs. Mais, le dimanche, à onze heures du matin, Heartland s'apprêtait enfin à recevoir ses visiteurs. Laura, Lou, Mary, Ted et Soraya attendaient dans la cour.

— Ça me semble parfait, déclara Lou en balayant les lieux d'un regard satisfait.

— C'est magnifique, renchérit Mary en regardant les portes des écuries fraîchement repeintes.

— Ça oui ! acquiesça Laura.

Les chevaux, dont la tête dépassait de leur

box, avaient été étrillés, brossés, leur robe luisait et ils respiraient la santé.

— Tout est tellement nickel ! ajouta-t-elle, ravie.

— Sauf toi, ironisa Ted.

Laura baissa les yeux sur son vieux jean de travail. Elle s'était levée à cinq heures ce matin et elle n'avait pas trouvé une seconde pour se brosser les cheveux.

— Je devrais peut-être me changer, admit-elle.

— Moi aussi, déclara Soraya.

Elles se précipitèrent dans la chambre de Laura pour enfiler un T-shirt propre et leurs culottes de cheval.

— J'espère que tout ira bien, murmura Laura, la gorge serrée.

— Mais oui ! affirma Soraya en nouant un ruban autour de sa queue-de-cheval.

Elle jeta un coup d'œil par la fenêtre.

— On ferait bien de se grouiller ! Les gens arrivent !

Les deux amies dégringolèrent l'escalier et trouvèrent Ted qui conduisait la voiture d'un visiteur dans le pré transformé en parking. Scott gara sa vieille Chevrolet et en descendit avec Matt.

— Salut, tout le monde ! lança Lou en sortant de la maison avec une caisse de jus de fruits.

— On est en retard, dit Scott. J'ai reçu un coup de fil au moment de partir... Lou ! Je peux vous aider ?

— Oui, merci, répondit-elle en lui jetant un regard reconnaissant. Il y a encore deux autres caisses à l'intérieur.

— Pas de problème, considérez-moi comme votre esclave !

Lou haussa les sourcils.

— Ça n'est pas déplaisant !

Ils éclatèrent de rire et se dirigèrent vers la longue table qui servait de buffet.

— Hé, les filles ! Qu'est-ce que je peux faire ? demanda Matt.

— Tu peux t'occuper du parking avec Ted ? suggéra Laura. Pendant ce temps-là, Soraya et moi, on va distribuer les brochures qui restent.

— C'est parti !

Le premier groupe de visiteurs s'avançait

déjà dans la cour. Soraya jeta un coup d'œil à Laura.

— C'est le moment. Souris et détends-toi.

Laura respira profondément, s'avança et lança d'une voix vibrante :

— Bienvenue à Heartland ! Je suis Laura Fleming.

13

Les visiteurs ne tardèrent pas à affluer. Parmi eux, il y avait des amis de Marion, intéressés par les méthodes appliquées à Heartland, tandis que d'autres doutaient ostensiblement de leur efficacité.

Près des écuries, Soraya racontait l'histoire de chaque cheval à un groupe de curieux.

— Si quelqu'un me dit que les plantes aromatiques n'ont aucun effet sur les chevaux, je crois que je hurle, marmonna Laura.

Ted haussa les épaules.

— Du calme. Tout le monde n'est pas prêt à être converti. Il faut l'accepter. Mais si, déjà, quelques personnes s'intéressent à nos méthodes, c'est gagné !

— Pourquoi venir, alors, s'ils ne sont pas disposés à nous croire ?

— Bah... Vois plutôt qui vient d'arriver !

Laura se retourna. Angela traversait la cour avec sa mère, une femme un peu épaisse aux cheveux platine.

— Qu'est-ce qu'elles font ici ? balbutia Laura, sur la défensive.

Valery Gorst s'avançait déjà vers eux, un large sourire dévoilant ses dents d'une blancheur éclatante.

— Bonjour, Laura ! Nous sommes venues vous apporter notre soutien.

« Le comble de l'ironie », songea Laura qui s'efforça de sourire à son tour.

— C'est gentil.

— Oh, mais je vois que vous avez repeint les écuries, reprit Valery Gorst en jetant un coup d'œil autour d'elle.

— Salut, Ted ! Ça va ? lança Angela, ignorant volontairement Laura.

— Bien, répondit-il en rassemblant les brochures éparpillées sur une table.

— Ça n'a pas l'air mal, grommela Angela en se penchant par-dessus son épaule.

Laura préféra s'esquiver.

— Vous m'excuserez, j'ai des gens à voir.

— Bien sûr, dit Valery Gorst en riant. Nous attendrons la fameuse démonstration. On ne sait jamais, nous apprendrons peut-être quelque chose !

Laura y comptait bien.

À midi, Scott, Lou et Mary invitèrent les visiteurs à se diriger vers le manège. Laura avait posé la selle et la bride de Promise sur la barrière.

— Le moment est arrivé, dit-elle en caressant l'encolure de la petite jument. Sois une bonne fille, hein ?

Mais où était Lisa Stillman ? Laura ne l'avait pas vue. Elle en éprouva une légère déception. Elle conduisit néanmoins Promise non loin du manège, et l'angoisse lui noua l'estomac quand elle vit la foule se presser autour de la barrière.

Ted avait déjà commencé son exposé.

Afin d'expliquer la manière d'utiliser les huiles aromatiques, Soraya avait conduit Sugarfoot sur la piste. Ted s'approcha et montra comment le petit shetland choisissait lui-même les préparations qui lui convenaient. Sugarfoot se détourna de plusieurs flacons avant de s'intéresser à deux autres.

— Les chevaux savent instinctivement ce qui peut les soulager, déclara Ted.

Il raconta la façon dont Sugarfoot avait été recueilli à Heartland, après le décès de sa maîtresse, presque mourant, après plusieurs jours sans boire ni manger.

Ensuite, Ted leur montra comment masser la tête avec de l'huile de bergamote, pour détendre et apaiser.

Cette fois, la foule parut intéressée.

— Les chevaux essaient de communiquer avec nous mais, la plupart du temps, personne ne les écoute. À Heartland, c'est ce que nous faisons : nous les laissons s'exprimer.

Ses yeux brillaient d'enthousiasme. Un tonnerre d'applaudissements salua sa prestation.

Le bruit irrita Promise.

— Tout doux... tout doux, chuchota Laura.

Soraya sortit Sugarfoot du manège et Ted leva la main pour rétablir le silence.

— Et maintenant, nous allons vous montrer une autre façon d'être à l'écoute des chevaux. C'est ce que nous appelons établir une relation de confiance.

Il s'avança vers la barrière pour accueillir Laura.

— C'est à toi, dit-il gentiment. Bonne chance !

Leurs regards se croisèrent. Ted pressa son épaule.

— Vas-y. Je sais que tu peux y arriver.

Laura conduisit Promise sur la piste. Les applaudissements cessèrent et un silence angoissant s'ensuivit.

Consciente des regards posés sur elle, Laura décrocha la longe et laissa Promise trotter dans le manège. Certains avaient dû reconnaître l'indomptable jument de Lisa Stillman car quelques murmures s'élevèrent. Laura sentit qu'elle devait expliquer maintenant ce qu'elle allait faire, mais la timidité la rendit muette. Soudain, elle aperçut Lou qui souriait pour l'encourager et la confiance revint.

— Promise est une jument qui nous a été confiée pour un problème de comportement. Pendant des mois, elle a été considérée inapte à la monte. Elle est à Heartland depuis deux semaines et on peut considérer que son handicap a quasiment disparu, comme vous pourrez le constater. Mais d'abord, je vais vous montrer comment nous procédons pour établir une relation avec un cheval. Une relation qui n'est pas basée sur la peur, mais sur la confiance et la compréhension.

Au fur et à mesure, Laura commentait chaque signal. Lorsque vint le dernier, elle sentit la tension chez les spectateurs se transformer en étonnement : la jument était venue appuyer sa tête sur son épaule.

Il fallait passer à la seconde phase. Laura alla chercher la selle et la montra à Promise.

— Regardez, je lui demande si elle accepte d'être sellée. Cette démarche est, pour ce cheval, un signe de respect. Promise est une jument intelligente et fière, beaucoup trop fière pour plier et obéir bêtement.

Lorsque Promise eut reniflé la selle, Laura fixa la sangle, enfourcha la jument et lui fit faire un tour de piste au petit trot, puis quelques figures.

Elle la ramena ensuite au centre du manège et se laissa glisser à terre.

— Dans moins de quinze jours, cette jument, dite rebelle, sera un merveilleux cheval de monte. Et cela parce que à Heartland nous écoutons les chevaux, ajouta-t-elle avec un grand sourire.

Un tonnerre d'applaudissements éclata. Radieuse, Laura flatta les flancs de la jument.

Elles avaient réussi !

Ted revint au centre de la piste.

— Vous avez des questions ?

Un homme leva la main. Laura le reconnut. Elle l'avait entendu déclarer, en arrivant, qu'il ne croyait guère aux méthodes de Heartland.

— Quelle preuve avons-nous que ce cheval était indomptable ? Nous n'avons que votre parole.

— Exact, répondit Ted. Mais il y a ici suffisamment de gens qui peuvent confirmer nos dires.

— Allons donc ! lança Valery Gorst d'une voix pointue. Cette jument a été dopée ! Sous sédatif, n'importe quel cheval hargneux devient doux comme un agneau !

Horrifiée, Laura entendit quelques personnes acquiescer.

— C'est faux ! s'exclama-t-elle. Je n'ai jamais dopé un cheval !

— C'est vous qui le dites, lança l'homme qui avait parlé en premier. C'est logique, vous tenez à votre travail !

— Ça ne veut pas dire que je drogue les chevaux !

— Désolée, mon chou, mais personne ne te croit, renchérit Valery Gorst.

— Moi, si ! lança une élégante femme blonde moulée dans sa culotte de cheval.

Il y eut des murmures dans la foule. Lisa Stillman n'était pas une inconnue. D'un pas décidé, elle rejoignit Laura dans le manège et fusilla Valery Gorst du regard.

— Certains d'entre vous ignorent peut-être que cette jument m'appartient. Je peux vous certifier que personne ne pouvait la monter et que Laura Fleming a raison.

Quand je l'ai confiée à Heartland, j'étais sceptique. Mais après ce que j'ai vu, si l'un de mes chevaux a le moindre problème, c'est ici que je le placerai, ajouta-t-elle en adressant un sourire à Laura.

— Merci, murmura la jeune fille.

— Et maintenant, reprit Lisa Stillman, je vous demanderai de féliciter nos hôtes.

Les applaudissements éclatèrent bruyamment. Avisant l'expression étonnée de Promise, Laura la sortit du manège et la conduisit dans son box.

— Merci à toi, chuchota-t-elle à la petite jument.

Promise hennit et renifla son épaule. Soudain, Matt et Soraya firent irruption dans l'écurie. Tous deux jubilaient.

— C'était fantastique ! s'écria Soraya.

— J'ai adoré l'intervention de Lisa Stillman ! s'exclama Matt, radieux.

— Valery Gorst ne savait plus où se mettre ! renchérit Soraya. Elle a foncé vers sa voiture ! Tu as été super, Laura.

— J'étais terrifiée, avoua-t-elle.

— Tu aurais dû voir les gens se précipiter sur Lou et Ted pour inscrire leurs chevaux. Tu n'as pas idée de la longueur de la liste !

Laura avait du mal à y croire, mais, quand elle revint, les gens se pressaient encore autour de Lou et de Ted. C'était merveilleux ! Mais que de travail les attendait !

— Regarde, dit Lou en lui montrant une feuille couverte de noms et d'adresses. Ted en a autant de son côté !

— Mais comment on va faire ? s'écria Laura, partagée entre la joie et l'anxiété.

— Attends, tu ne sais pas tout, continua Lou. Lisa Stillman nous a demandé si on pourrait engager John comme palefrenier. Elle voudrait qu'il apprenne nos méthodes afin qu'il puisse les appliquer ensuite à Fairfield. Mieux encore, elle nous paie pour l'employer !

— Est-ce que ça veut dire que tous nos problèmes sont résolus ?

Lou allongea une bourrade affectueuse à sa sœur, et une voix grave résonna soudain derrière eux.

— Je me doutais que vous profiteriez de

mon absence pour faire la java, mais vous n'auriez pas un peu exagéré ?

— Grand-père ! s'écrièrent les filles en chœur.

Le sourire de Jack Bartlett s'élargit.

— Oui, je suis de retour à la maison.

Ce soir-là, quand les chevaux furent nourris et la cour rangée, Laura se dirigea vers la tombe de Pegasus. L'air était doux et l'atmosphère paisible. La jeune fille s'appuya à la barrière et regarda le soleil décliner.

Ted, Soraya, Matt et Scott étaient repartis. Mary, dans sa chambre, achevait de boucler ses valises. Laura allait la regretter. C'était grâce à elle que ce miracle avait pu se réaliser. Mary et Lou formaient une bonne équipe.

La journée s'était déroulée mieux que prévu. Les soucis financiers de Heartland étaient derrière. Avec l'aide de John Stillman, l'énorme travail serait abattu. Peut-être, un jour, Laura aurait-elle la chance de s'inscrire dans une école de jumping ?

Émue, elle regarda le petit arbre sous

lequel reposait le vieux cheval. Pegasus manquait à son bonheur.

— Pourquoi tu es parti ? chuchota-t-elle, la gorge nouée.

Elle connaissait la réponse. Parce que rien ne dure éternellement.

— Laura ?

Elle se retourna. Son grand-père et Lou s'avançaient vers elle.

— Nous t'avons aperçue par la fenêtre, dit sa sœur.

— Tu veux rester seule ? demanda Jack.

— Non...

Pendant un instant, tous trois demeurèrent silencieux.

— C'était une belle journée, murmura enfin Lou.

— Oui, merci. Tu as eu une bonne idée.

Jack enlaça ses petites-filles.

— Je suis fier de vous deux. Votre mère le serait aussi. C'est grâce à vous que Heartland va pouvoir continuer à vivre. Je vous félicite d'avoir surmonté le passé pour affronter l'avenir.

— En équipe ? demanda Lou en croisant le regard de sa sœur.

— Oui, en équipe, répéta Laura en souriant.

Laura regarda le petit orme. Son grand-père avait raison. L'avenir n'efface jamais le passé. Ses lèvres articulèrent en silence : « Au revoir, Pegasus. »

Alors, bravant l'obscurité, un oiseau chanta.

Tu as aimé *Une nouvelle chance ?*
Découvre vite HEARTLAND n° 4
Le prix du risque
avec cet extrait

[...]

Laura travaillait dans la sellerie lorsque Ted fit irruption, le visage en feu.

— J'en ai ras le bol ! Y a des limites ! explosa-t-il.

— Des limites à quoi ? Qu'est-ce qui se passe encore ?

— Viens plutôt voir comment cet abruti traite son cheval !

Il sortit en coup de vent, Laura sur ses talons.

— Ted ! Attends !

Il n'en fit rien. Elle le rejoignit devant le manège dans lequel John faisait galoper Rainbow. L'étalon était en sueur, un peu de bave blanchissait sa bouche et il commençait à rouler des yeux fous. L'animal était éreinté et John l'amenait malgré tout devant l'obstacle.

— Tu as déjà eu affaire à un tel inconscient ? rugit Ted. Moi, je ne peux pas voir ça !

— Écoute, Ted, c'est à cause de sa compétition...

— Ah ! Te voilà d'accord avec lui ?

— Bien sûr que non, mais qu'est-ce qu'on peut faire ? C'est son cheval !

Ted serra les dents.

— Oui, mais il le monte à Heartland !... Si tu ne lui dis rien, Laura, je m'en charge !

— Ne fais pas d'histoire, par pitié !

Trop tard. Ted avait déjà enjambé la barrière.

— John ! Est-ce que tu te rends compte de l'état de Rainbow ?

John arrêta sa monture.

— Qu'est-ce que tu racontes ? balbutia ce dernier, ahuri.

— Tu es devenu dingue ou quoi ? Tu as regardé ton cheval ?

— Je ne veux pas qu'il renâcle devant l'obstacle !

— Rien d'étonnant à ça ! Il est épuisé !

— Qu'est-ce que tu en sais ? rugit John.

— Je sais qu'un cheval éreinté n'est plus en mesure d'apprendre quoi que ce soit ! Tu es vraiment un crétin !

— Merci pour ton avis, mais je n'en ai rien à faire ! déclara John en enfonçant ses talons dans les flancs de Rainbow pour le remettre au galop.

— Ted... Laisse tomber, veux-tu ? intervint Laura.

— Laisser tomber ?... Je ne te reconnais plus, Laura, lâcha-t-il, méprisant. Autrefois, tu n'aurais pas admis qu'un cheval soit maltraité à Heartland... Tu as vraiment changé !

Il avait raison, mais que répondre ? Laura resta muette.

Ted soutint son regard pendant quelques secondes, puis il l'écarta de son chemin et s'éloigna à grandes enjambées...

Découvre la collection :

Heartland

1. Je reste !
2. Après l'orage...
3. Une nouvelle chance ?
4. Le prix du risque
5. L'impossible retour
6. Un jour, tu comprendras
7. Le champion brisé
8. Le cœur noué
9. Le messager de l'espoir
10. Une ombre au tableau
11. La vérité... ou presque
12. D'obstacle en obstacle
13. Coups du sort
14. Tout change !
15. Une autre famille
16. Un retour mouvementé
17. Un espoir dans la nuit
18. Le courage de partir
19. Le choix d'une vie
20. Un si grand bonheur
21. Demain est un autre jour
22. Au-delà de l'horizon
23. Un nouveau venu
24. L'amour n'est pas aveugle
25. Le temps de la passion
26. Le plus beau des héritages

Le guide de Laura *(Hors-série)*
Souviens-toi, Laura *(Hors-série)*

Cet ouvrage a été composé par
PCA - 44400 REZÉ

Impression réalisée sur Presse Offset par

BRODARD & TAUPIN

GROUPE CPI

La Flèche (Sarthe), le 22-09-2006
N° d'impression : 37592

Dépôt légal : mai 2001

Suite du premier tirage : septembre 2006

Imprimé en France

12, avenue d'Italie

75627 PARIS Cedex 13